CULTURA

Libros de A.W. Tozer publicados por Portavoz:

Adoración: La razón por la que fuimos creados

El Consejero: Una conversación franca sobre el Espíritu Santo

Cultura: La vida en este mundo como ciudadanos del cielo

Deléitate en Dios

Diseñados para adorar

Este mundo: ¿campo de recreo o campo de batalla?

Fe auténtica

Una fe incómoda

Fe más allá de la razón

Jesús: La vida y el ministerio de Dios Hijo

Lo mejor de A.W. Tozer, Libro uno

Lo mejor de A.W. Tozer, Libro dos

Oración: Comunión con Dios en todo

Los peligros de la fe superficial

El poder de Dios para tu vida

¡Prepárate para el regreso de Jesús!

La presencia de Dios en tu vida

La verdadera vida cristiana

Y Él habitó entre nosotros

CULTURA

LA VIDA EN ESTE MUNDO COMO CIUDADANOS DEL CIELO

A.W. TOZER

EDITORIAL
PORTAVOZ

La misión de *Editorial Portavoz* consiste en proporcionar productos de calidad —con integridad y excelencia—, desde una perspectiva bíblica y confiable, que animen a las personas a conocer y servir a Jesucristo.

Traducción: Daniel Menezo

Las cursivas en los versículos bíblicos son énfasis del autor.

EDITORIAL PORTAVOZ
2450 Oak Industrial Drive NE
Grand Rapids, Michigan 49505 USA
Visítenos en: www.portavoz.com

ISBN 978-0-8254-5799-9 (rústica)
ISBN 978-0-8254-6714-1 (Kindle)
ISBN 978-0-8254-7534-4 (epub)

2 3 4 5 edición / año 29 28 27 26 25

Impreso en los Estados Unidos de América
Printed in the United States of America

CONTENIDO

NOTA DEL EDITOR

Igual que los hombres de Isacar, "entendidos en los tiempos" (1 Crónicas 12:32), A. W. Tozer fue un hombre que comprendió su época y supo lo que tenía que hacer. Los veinticuatro ensayos que vienen a continuación son una pequeña muestra de lo que escribió Tozer sobre lo que significa ser cristiano en un mundo que, en su mayor parte, no muestra interés por Cristo.

Abarca temas tales como la verdad, el sentido de la Iglesia, la veracidad de las Escrituras y el modo en que deberían vivir los cristianos en este mundo conservando su identidad como ciudadanos del cielo.

Tozer escribía con convicción y con propósito. No se contuvo al plantear el reto a sus hermanos en la fe sobre cómo vivir tal como vivió Cristo:

> *Se supone que nosotros, que nos llamamos cristianos, debemos ser un pueblo aparte. Afirmamos haber rechazado la sabiduría de este mundo y adoptado la de la cruz como guía para nuestras vidas. Nos hemos puesto de parte de Aquel que, mientras vivió en la tierra, fue el más inadaptado de los hijos de los hombres. No quería integrarse en la sociedad. Se situó por encima de ella y la condenó al repudiarla, aunque sin embargo murió por ella. Estaba dispuesto a morir por ella, pero no a ceder ante ella* (extracto del capítulo 7).

Aunque estas no son más que palabras de un siervo del Señor, escritas hace muchas décadas, también representan verdades eternas a las que debemos prestar oído en nuestros días. Es posible que el contexto no sea el mismo, ni lo sean las batallas concretas, pero la verdad sigue siendo la misma.

1

EL SACRAMENTO DE LA VIDA

Si, pues, coméis o bebéis, o hacéis otra cosa,
hacedlo todo para la gloria de Dios.

1 Corintios 10:31

Uno de los mayores obstáculos que puede encontrar el cristiano en su camino hacia la paz interior es el hábito tan frecuente de dividir su vida en dos partes: la sagrada y la secular. Dado que concebimos que estas dos áreas existen con independencia una de la otra y que son moral y espiritualmente incompatibles, y dado que las necesidades de esta vida nos impulsan a pasar constantemente de la una a la otra, nuestra vida interior tiende a romperse, de modo que llevamos una vida dividida en vez de unificada.

Nuestro problema nace del hecho de que nosotros, quienes seguimos a Cristo, habitamos al mismo tiempo en dos mundos, el espiritual y el natural. Como hijos de Adán pasamos nuestra vida en la tierra sujetos a las limitaciones de la carne y a las debilidades y enfermedades que son la herencia de la naturaleza humana. El mero hecho de vivir entre los hombres nos exige años de duro trabajo, y prestar mucha atención a las cosas de este mundo. Como un contraste radical con esto tenemos nuestra vida en el Espíritu. Allí disfrutamos de otro tipo de vida superior, somos hijos de Dios; poseemos un estatus celestial y gozamos de una comunión íntima con Cristo.

Esto tiende a dividir nuestra vida total en dos compartimentos. Sin ser conscientes, acabamos reconociendo dos tipos de actos. Los primeros los realizamos con una sensación de satisfacción y la firme seguridad de que agradan a Dios. Se trata de los actos sagrados, y normalmente pensamos que son la oración, la lectura de la Biblia, cantar himnos, asistir a la iglesia y otros actos semejantes que nacen directamente de la fe. Pueden reconocerse por el hecho de que no tienen una relación directa con este mundo, y que no tendrían sentido alguno de no ser porque la fe nos muestra otro mundo, "un edificio, una casa no hecha de manos, eterna, en los cielos" (2 Corintios 5:1).

Contrapuestos a tales actos sagrados tenemos los seculares. Incluyen todas las actividades cotidianas de la vida que compartimos con los hijos y las hijas de Adán: comer, dormir, trabajar, atender las necesidades del cuerpo y realizar nuestros deberes aburridos y prosaicos de este mundo. A menudo hacemos estas cosas a regañadientes y con gran inquietud, y a menudo nos disculpamos con Dios por lo que consideramos un desperdicio de tiempo y de energías. El resultado de esto es que la mayor parte del tiempo nos sentimos preocupados. Nos dedicamos a nuestras tareas cotidianas sintiéndonos muy frustrados, diciéndonos introspectivamente que ya vendrán días mejores, cuando nos deshagamos de este cuerpo mortal y ya no tengamos que preocuparnos más por los asuntos de este mundo.

Esta es la vieja antítesis entre lo sagrado y lo secular. La mayoría de cristianos cae en esta trampa. No logran un ajuste satisfactorio entre las exigencias de los dos mundos. Intentan caminar por la cuerda floja entre dos reinos, y no encuentran la paz en ninguno de estos. Pierden fuerzas, su perspectiva se vuelve confusa y pierden su gozo.

Creo que este estado de cosas es totalmente innecesario. Es muy cierto que nos hemos visto atrapados en un dilema, pero este no es real; es fruto de un malentendido. La antítesis sagrado/secular no tiene fundamento en el Nuevo Testamento. Sin lugar a dudas, una comprensión más perfecta de la verdad cristiana nos librará de este dilema.

El propio Señor Jesucristo es nuestro ejemplo perfecto, y Él no experimentó una vida dividida. En presencia de su Padre, vivió en el mundo sin padecer esta tensión, desde su infancia hasta su muerte en la cruz. Dios aceptó la ofrenda de su vida total, y no hizo distinción entre un acto y otro. "Porque yo hago siempre lo que le agrada", dijo, resumiendo brevemente su propia vida en relación con el Padre (Juan 8:29). Mientras caminó entre los hombres fue equilibrado y apacible. Las presiones y el sufrimiento que padeció fueron consecuencia de su posición como el portador de pecados del mundo; nunca fueron el resultado de la incertidumbre moral o del desequilibrio espiritual.

El propio Señor Jesucristo es nuestro ejemplo perfecto, y Él no experimentó una vida dividida.

La exhortación de Pablo de hacerlo "todo para la gloria de Dios" es algo más que un idealismo piadoso; forma parte integral de la revelación sagrada, y debemos aceptarla como la propia Palabra de verdad. Abre ante nosotros la posibilidad de hacer que cada acto de nuestra vida contribuya a la gloria de Dios. Por si somos demasiado tímidos como para incluirlo todo, Pablo menciona la comida y la bebida. Este es el humilde privilegio que compartimos con los animales que mueren. Si estos actos tan humildes se pueden realizar para honrar a Dios, es difícil imaginar alguno que no sirva para esto.

Ese aborrecimiento monacal del cuerpo, que destaca con tanta prominencia en las obras de algunos escritores tempranos de devocionales, no tiene ningún fundamento en la Palabra de Dios. Es cierto que la modestia común sí aparece en las Sagradas Escrituras, pero en ellas no hallamos la falsa modestia o un sentido falso de la vergüenza. El Nuevo Testamento acepta como algo evidente que en su encarnación, nuestro Señor adoptó un cuerpo humano real, y no hace ningún esfuerzo por esquivar las consecuencias absolutas de semejante hecho. Jesús vivió con ese cuerpo entre los hombres, y nunca realizó un acto que no fuera sagrado. Su presencia en carne humana elimina para siempre el concepto maligno de que en el cuerpo humano hay algo que, por naturaleza, resulta ofensivo a la Deidad. Dios creó nuestros cuerpos, y no le ofendemos cuando atribuimos la responsabilidad a quien realmente corresponde. Él no se avergüenza de la obra de sus propias manos.

La perversión, el mal uso y el abuso de nuestras capacidades humanas deberían darnos motivos más que suficientes para sentir vergüenza. Los actos corporales hechos en el pecado y contrarios a la naturaleza nunca pueden honrar a Dios. Siempre que la voluntad humana introduce un mal moral, ya no disponemos de nuestras capacidades inocentes e inofensivas tal como las hizo Dios; tenemos en cambio un producto abusado y retorcido que nunca podrá glorificar a su Creador.

Sin embargo, imaginemos un caso en que no se den ni la perversión ni el abuso. Imaginemos un creyente cristiano en cuya vida han arraigado las maravillas gemelas del arrepentimiento y el nuevo nacimiento. Ahora vive conforme a la voluntad de Dios tal como la entiende en la Palabra escrita. De esta persona se puede decir que cada acto de su vida es, o puede ser, tan sagrado como la oración, el bautismo o la Cena del Señor. Decir esto no supone llevar todos los actos a un punto muerto, sino elevar cada acto a un reino viviente y convertir toda la vida en un sacramento.

Si un sacramento es la expresión externa de una gracia interna, no dudemos en aceptar la tesis anterior. Mediante el acto de consagración de toda nuestra vida a Dios podemos hacer que todos los actos posteriores expresen esa consagración. Ya no tenemos que avergonzarnos de nuestro cuerpo (ese siervo físico que nos lleva por la vida), como Jesús no se avergonzó del humilde animal sobre el que entró en Jerusalén. "El Señor los necesita" (Mateo 21:3) son palabras que también se pueden aplicar a nuestros cuerpos mortales. Si Cristo habita en nosotros, podemos llevar al Señor de la gloria como aquel pequeño animal lo hizo en la antigüedad, y dar ocasión a que las multitudes exclamen: "¡Hosanna en las alturas!".

Mediante el acto de consagración de toda nuestra vida a Dios podemos hacer que todos los actos posteriores expresen esa consagración.

Que *entendamos* esta verdad no basta. Si queremos escapar de la trampa del dilema sagrado/secular, la verdad debe "correr por nuestras venas" y condicionar el conjunto de nuestros pensamientos. Debemos practicar vivir para la gloria de Dios, de forma real y determinada. Al meditar en esta verdad, hablar de ella a menudo con Dios en nuestras oraciones, trayéndola a nuestras mentes frecuentemente cuando nos movemos entre los hombres, se apoderará de nosotros una dimensión de su maravilloso significado. Esa antigua y dolorosa dualidad caerá vencida por la apacible unidad de la vida. El conocimiento de que somos de Dios, que Él ha recibido todo de nosotros sin rechazar nada, unificará nuestras vidas interiores y hará que todo sea sagrado para nosotros.

No obstante, esto no es todo. Los hábitos que hemos tenido mucho tiempo no mueren con facilidad. Para escapar por completo de la psicología sagrado/secular necesitaremos un pensamiento inteligente y una gran cantidad de oración reverente. Por ejemplo, al cristiano medio puede resultarle complicado asimilar la idea de que puede realizar sus tareas cotidianas como actos de adoración aceptables a Dios por medio de Jesucristo. En ocasiones, la vieja antítesis se alzará en el fondo de su mente para perturbar su paz. Y la serpiente antigua, el diablo, no aceptará esto sin hacer nada. Allí estará, en el taxi, en la oficina o en el campo, para recordar al cristiano que está dando la mejor parte de su día a las cosas de este mundo, y dedicando a sus deberes religiosos una ínfima porción de su tiempo. Y a menos que tengamos mucho cuidado, esto provocará confusión, desánimo y pesadez de corazón.

Solo podemos contrarrestar estos ataques mediante el ejercicio de una fe agresiva. Debemos ofrecer a Dios todos nuestros actos, y creer que los acepta. Luego reclamemos con firmeza esa posición y no dejemos de insistir en que cada acto, de cada hora de cada día y de la noche, forma parte de esta transacción. En esos momentos dedicados a la oración privada,

El conocimiento de que somos de Dios, que Él ha recibido todo de nosotros sin rechazar nada, unificará nuestras vidas interiores y hará que todo sea sagrado para nosotros.

no dejes de recordar a Dios que dedicamos todos nuestros actos a su gloria; luego complementa esos instantes con mil oraciones en tus pensamientos mientras realices la tarea que es vivir. Practiquemos el bello arte de hacer que cada tarea sea una ministración sacerdotal. Creamos que Dios está en todos nuestros actos sencillos, y aprendamos a encontrarle en ellos.

Una consecuencia del error que hemos venido debatiendo es la antítesis entre lo sagrado y lo secular aplicada a los lugares. Es asombroso que podamos leer el Nuevo Testamento y aun así creer en la naturaleza sagrada inherente a algunos lugares. Este error está tan extendido que uno se siente solo cuando intenta combatirlo. Ha funcionado como una especie de tinte, que ha coloreado el pensamiento de personas religiosas y también sus ojos, de modo que es prácticamente imposible detectar su falsedad. A pesar de toda la enseñanza del Nuevo Testamento que dice lo contrario, a lo largo de los siglos se ha dicho y se ha cantado y aceptado como parte del mensaje cristiano, cosa que sin duda no es. Por lo que yo sé, solo los cuáqueros han tenido la perspicacia de detectar ese error y el valor suficiente para denunciarlo.

Estos son los hechos tal como yo los veo. Durante cuatrocientos años, Israel había vivido en Egipto, rodeado de idolatría vergonzosa. Por la mano de Moisés fueron libertados al fin y comenzaron el viaje hacia la tierra prometida. Habían perdido el concepto de la santidad. Para corregir el problema, Dios empezó por lo más evidente. Se situó en la columna de nube y de fuego y, más adelante, cuando se construyó el tabernáculo, habitó en el lugar santísimo manifestándose como fuego. Mediante innumerables ejemplos, Dios enseñó a Israel las diferencias entre lo santo y lo impuro. Había días santos, recipientes santos, prendas de vestir santas. Había lavamientos, sacrificios, ofrendas de muchos tipos. Por estos medios,

Israel aprendió que *Dios es santo*. Lo que el Señor les enseñaba era esto, no la santidad de determinadas cosas o lugares. La lección que debían aprender era que Jehová era santo.

Entonces llegó el gran día en que apareció Cristo. Inmediatamente empezó a decir: "Oísteis que fue dicho a los antiguos... pero yo os digo" (Mateo 5:21-22). Ya había acabado la escuela del Antiguo Testamento. Cuando Cristo murió en la cruz, el velo del templo se rasgó de arriba abajo. El lugar santísimo quedó abierto a todo el que entrara por fe. Entonces recordaron las palabras de Cristo: "La hora viene cuando ni en este monte ni en Jerusalén adoraréis al Padre... Mas la hora viene, y ahora es, cuando los verdaderos adoradores adorarán al Padre en espíritu y en verdad; porque también el Padre tales adoradores busca que le adoren. Dios es Espíritu; y los que le adoran, en espíritu y en verdad es necesario que adoren" (Juan 4:21, 23-24).

Poco tiempo después, Pablo retomó este grito de libertad y declaró que toda carne era limpia, todos los días santos, todos los lugares sagrados y todo acto aceptable a Dios. La sacralidad de los tiempos y de los lugares, esa penumbra necesaria para la educación de la raza, se desvaneció frente al sol radiante de la adoración espiritual.

La espiritualidad esencial de la adoración fue patrimonio de la Iglesia hasta que se fue perdiendo lentamente con el paso de los años. Entonces, el *legalismo* natural de los corazones caídos de los hombres comenzó a introducir las viejas distinciones. La Iglesia se puso a observar de nuevo los días, las estaciones y los tiempos. Se eligieron determinados lugares que se señalaron como santos en un sentido especial. Se observaron las diferencias entre uno y otro día, lugar o persona. Primero los "sacramentos" fueron dos, luego tres, más tarde cuatro, hasta que con el triunfo del cristianismo romano se fijaron en siete.

Con todo cariño, y sin el deseo de hacer quedar mal a ningún cristiano, por mucho que se haya extraviado, señalo que hoy día la Iglesia católica romana representa la herejía sagrado/secular llevada a su conclusión lógica. Su efecto más letal es el insondable abismo que introduce entre la religión y la vida. Quienes la propagan intentar eludir esta trampa mediante numerosas notas al pie y múltiples explicaciones, pero el instinto de nuestra mente, que la lleva a buscar la lógica, es demasiado fuerte. En la vida práctica, ese abismo es muy real.

Lo que hace un hombre no es lo que determina si su trabajo es sagrado o secular, eso lo decide el motivo por el que lo hace.

Los reformadores, los puritanos y los místicos se esforzaron para liberarnos de esta esclavitud. Hoy día, la tendencia dentro de los círculos conservadores ha vuelto a caer en esa esclavitud. Se dice que un caballo, cuando se ha sacado de un edificio en llamas, a veces, movido por una extraña obstinación, se libera de su rescatador y vuelve a meterse en el edificio, donde muere entre las llamas. Debido a una tendencia igual de tozuda hacia el error, el fundamentalismo de nuestros tiempos está regresando a la esclavitud espiritual. La observación de los días y de los tiempos cada vez se vuelve más intensa entre nosotros. En los labios de cristianos evangélicos cada vez son más frecuentes palabras como "cuaresma", "Semana Santa" y Viernes "Santo". No nos damos cuenta de cuándo estamos bien.

Para que el lector me entienda bien y no me malinterprete, quiero poner de relieve las consecuencias prácticas de la enseñanza que hemos venido defendiendo, es decir, la naturaleza sacramental de la vida cotidiana. Frente a todos sus sentidos positivos, quiero destacar algunas pocas cosas que no significa.

No significa, por ejemplo, que todo lo que hacemos tiene la misma importancia que todas las otras cosas que podamos hacer. El acto de un buen hombre puede diferir muchísimo en su importancia de otras cosas que haga. La actividad de Pablo como tejedor de tiendas no se puede comparar con su redacción de la epístola a los Romanos, pero Dios aceptó ambas, y ambas cosas fueron verdaderos actos de adoración. Sin duda es más importante llevar un alma a Cristo que cultivar un jardín, pero el cuidado de ese jardín *puede* ser un acto tan sagrado como lo es propiciar la salvación de un alma.

Tampoco significa que cada hombre sea tan útil como cualquier otro. Dentro del cuerpo de Cristo hay muchos dones distintos. No podemos comparar a un Billy Bray[1] con un Lutero o un Wesley por lo que respecta a su utilidad para la Iglesia y para el mundo; pero el servicio del hermano menos dotado es tan puro como el del más dotado, y Dios acepta a ambos con el mismo agrado.

El "laico" nunca tiene que pensar que su humilde tarea es inferior a la del ministro. Que todo hombre permanezca en el llamado que haya recibido, y su obra será tan sagrada como la del pastor. Lo que hace un hombre no es lo que determina si su trabajo es sagrado o secular, eso lo decide el motivo por el que lo hace. El motivo lo es todo. Que un hombre santifique al Señor Dios en su corazón y a partir de entonces no hará nada poco importante. Todo lo que haga será bueno y aceptable para Dios por medio de Jesucristo. Para esa persona, la propia vida será un ministerio sacerdotal. Cuando realice su tarea, que nunca será trivial, escuchará la voz de los serafines diciendo: "Santo, santo, santo, Jehová de los ejércitos; toda la tierra está llena de su gloria" (Isaías 6:3).

1. Billy Bray (1796-1868) fue un predicador británico asociado con los metodistas (N. del T.).

Señor, quiero confiar en ti plenamente; quiero ser tuyo por completo; te quiero exaltar por encima de todo. No deseo sentir que poseo nada que esté fuera de ti. Quiero ser consciente en todo momento de tu presencia sobre mí, y escuchar tu voz que me habla. Anhelo vivir con una sinceridad apacible de corazón. Quiero vivir tan plenamente en el Espíritu que todos mis pensamientos sean como un dulce incienso que ascienda hacia ti, y que todo acto de mi vida sea de adoración. Por lo tanto, oro usando las palabras de aquel gran siervo de antaño: "Te ruego que limpies la intención de mi corazón con el don inefable de tu gracia, para que te ame perfectamente y te adore como eres digno de ello".[2] *Y estoy confiado en que me concederás todo esto por los méritos de tu Hijo Jesucristo. Amén.*

2. Del autor anónimo de *The Cloud of Unknowing* (Nube del desconocimiento), una obra escrita en la segunda mitad del siglo XIV (N. del T.).

2

UN LIBRO INALTERABLE EN UN MUNDO CAMBIANTE

Entonces respondió y me habló diciendo: Esta es palabra de Jehová a Zorobabel, que dice: No con ejército, ni con fuerza, sino con mi Espíritu, ha dicho Jehová de los ejércitos.

Zacarías 4:6

Un área de pensamiento que necesitamos reformar es la de nuestras creencias prácticas sobre los propósitos que tiene Dios para la humanidad. Quiero subrayar el adjetivo *prácticas*, porque existe una diferencia entre las creencias nominales y las prácticas. Una creencia nominal es la que sostienes en teoría, y la práctica es aquella que sostienes en realidad y que te sostiene a su vez. Aunque seguramente no pondremos muchas pegas a las creencias nominales, sí que hay muchas en el campo de las creencias prácticas. Estas creencias prácticas necesitan que las devolvamos a su estado feliz y brillante, purgándolas de todo error y abuso.

Ha pasado mucho tiempo desde que Jesús nació en Belén, murió en la cruz, resucitó al tercer día, ascendió a la diestra de Dios el Padre todopoderoso y envió al Espíritu Santo para establecer su Iglesia. Desde aquellos tiempos, en este mundo se han producido unos cambios tan radicales, generales, omnipresentes y revolucionarios, que hubieran resultado increíbles para cualquiera que viviera en tiempos de Jesús.

LA RESTAURACIÓN DE LA CREENCIA EN LA VERDAD

El mundo moderno resultaría totalmente inimaginable para las personas de aquella época. ¿Acaso estos cambios han obligado a Dios a modificar sus planes para su Iglesia y para la humanidad? Aquí es donde hemos caído en la cuneta. Es en este ámbito donde necesitamos una reforma, una purga, una eliminación de los errores y una restauración de la fe de los cristianos, que deben volver a creer en la verdad.

> **Si hemos progresado tanto, ¿cómo es que disponemos de armas que pueden aniquilar el mundo?**

Muchos cristianos dicen, sin dudarlo: "Sí, eso es cierto". En realidad, no creo que les gustara que se lo expusieran de este modo; a las personas no les gustan las teorías más realistas. ¿Qué dirían los liberales y los modernistas si los arrinconaras con la pregunta "¿Crees que Dios se ha visto obligado a cambiar de opinión?"? No creo que nadie tuviera el valor necesario para decir que sí. A pesar de todo, sí que lo dicen poquito a poco, hasta que han lavado el cerebro a sus seguidores.

En la práctica, lo que dicen es que hay que interpretar la Biblia a la luz de los nuevos acontecimientos. Ese libro que se escribió en una época en que la gente viajaba en burro se tiene que reinterpretar para que se adapte a la sociedad contemporánea. Dicen que los profetas y los apóstoles malinterpretaron lo que quería hacer Dios. La Biblia está obsoleta, y en gran medida es irrelevante. *Irrelevante* quiere decir que no guarda relación con nada. *Obsoleta* quiere decir que ahora tenemos nuevas formas de pensar y de vivir, de modo que la Biblia está anticuada, como una revista atrasada. Por consiguiente, tenemos que replantearnos sus enseñanzas y volver a reflexionar sobre nuestras creencias y nuestras esperanzas.

No estoy exagerando: esto es lo que se enseña hoy. Sale en los periódicos, y la gente va diciendo que es necesario reinterpretar la Biblia a la luz de todos estos cambios. Dicen que los apóstoles y los profetas se equivocaron; tenían ideas muy buenas y avanzadas para su época, pero no para la nuestra. Creen que ahora tenemos más datos que ellos sobre nosotros mismos, la motivación humana y la naturaleza de las cosas. Por lo tanto, no es posible tomarse en serio un libro que se escribió cuando la gente pensaba que la Tierra era plana y que el sol salía por la mañana, se desplazaba por encima de la Tierra y se hundía en el mar. Piensan que, aunque es cierto que contiene un hermoso lenguaje poético y algunos pensamientos realmente inspiradores sobre la naturaleza humana y sobre el mundo en que vivimos, a pesar de ello tenemos que entenderlo y reinterpretarlo todo, volviendo a evaluarlo y a replantearlo.

Pongo en duda la afirmación de que estamos avanzados. Sé que la mayoría de educadores modernos, periodistas, personajes famosos de la televisión, reporteros radiofónicos, políticos y todos los demás no están de acuerdo conmigo. A pesar de ello, pongo en duda la idea de que estemos más avanzados de lo que lo estuvieron en los tiempos de Jesús.

Si hemos avanzado tanto, quiero formular algunas preguntas. ¿Por qué matamos a miles de personas al año en accidentes de automóvil? ¿Somos más avanzados porque conducimos coches en vez de montar en asno? Si en nuestros tiempos estamos tan avanzados, ¿por qué están repletas las cárceles y desbordan los hospitales psiquiátricos? Si somos tan avanzados, ¿cómo es que el mundo es un barril de pólvora? Si hemos progresado tanto, ¿cómo es que disponemos de armas que pueden aniquilar el mundo? Si somos tan listos, ¿por qué la gente ya no se atreve a pasear sola por los parques? ¿Por qué los trabajadores que salen de sus empresas de noche ya no vuelven caminando solos a su casa? ¿Cómo es que en esta época tan avanzada cada vez es mayor el número de gente que consume drogas, recurre a la violencia, aborta o se divorcia?

Hay un punto de vista que sostiene que todo movimiento equivale al progreso. Cada vez que te mueves, progresas. Luego está el punto de vista que dice que siempre que te desplazas en línea recta avanzas, olvidando que es posible caminar en línea recta hacia atrás.

LA TRAGEDIA DE ESTE SIGLO

La tragedia de este siglo es que los protestantes han aceptado esto como si fuera un progreso, y en realidad se lo creen. Los hijos de quienes protestaron, los hijos de la Reforma, han sufrido un lavado de cerebro y han sido adoctrinados por aquellos que creen que los cambios han supuesto una diferencia para los planes de Dios, una diferencia para el cristianismo y una diferencia para Cristo. Se nos ha lavado el cerebro para que creamos que no podemos leer la Biblia como lo hacíamos antes. Ahora debemos leerla a través de una lente coloreada por el cambio. Nos ha hipnotizado la serpiente, el diablo, para que creamos que ya no tenemos una Biblia de la que podamos fiarnos, de modo que el protestantismo ya no es una fuerza moral en este mundo.

El protestantismo no es una fuerza en este mundo porque nos hemos vendido a los lavadores de cerebros. En lugar de ser los hijos e hijas de aquellos que protestaron, ahora somos hombres y mujeres que solo dicen que sí. Como dirigentes de nuestro mundo protestante tenemos a personas que hablan solemnemente de Cristo pero que no quieren decir lo mismo que dice la Biblia. Hablan de revelación y de inspiración, pero les dan un significado distinto al de nuestros padres.

Nos ha hipnotizado el diablo, para que creamos que ya no tenemos una Biblia de la que podamos fiarnos.

La segunda tragedia destacable es que las iglesias que predican el evangelio se sienten confusas e intimidadas por las masas. Aceptan la creencia de que se ha producido un cambio, y que los cristianos deben adaptarse a este cambio. La palabra que usan es *adaptarse*. Debemos adaptarnos, olvidando que este mundo siempre ha sido bendecido por aquellas personas que no se adaptaban. Los pobres que se adaptan no pueden hacer gran cosa. Son personas a las que no vale la pena frecuentar.

En todos los campos de la actividad humana quienes indujeron el progreso fueron quienes se plantaron y dijeron: "No pienso adaptarme al mundo". Los compositores, poetas y arquitectos clásicos fueron personas que no quisieron adaptarse. Hoy la sociedad insiste en que, si no te adaptas, acabarás teniendo algún complejo. Si no te adaptas, tendrás que ir a un psiquiatra.

JESÚS ERA UN INADAPTADO

Jesús se contó entre las personas más inadaptadas de su generación. Nunca pretendió adaptarse al mundo. Vino a morir por el mundo y a llamarlo para sí, y eran los seres humanos quienes debían adaptarse a Él.

El mundo contemporáneo es un resultado de cambios radicales a través de las generaciones, cambios que fueron revoluciones: la revolución científica, la revolución industrial, la revolución de las comunicaciones, la revolución filosófica y la revolución social. ¿Vamos a aceptar la creencia de que tenemos que interpretar de nuevo la Biblia a la luz de estos progresos? ¿Vamos a permitirnos aceptar que los profetas y los apóstoles se equivocaban al hablar de Dios? ¿Permitiremos que la sociedad nos diga que la Biblia está anticuada y que en gran medida es irrelevante y que, por lo tanto, hay que volver a evaluarla a la luz de los progresos modernos?

Nuestra iglesia ha de seguir el camino del evangelio.

¿Ha cambiado Dios? ¿Vamos a aceptar esto? ¿Se ha producido un cambio en el propósito de Dios? Los cambios en la sociedad humana, ¿han sorprendido o confundido a Dios?

Para mantener nuestra respetabilidad intelectual y ocupar una buena posición delante de quienes dudan de la Palabra, ¿tendremos que decir humildemente: "Bueno, no creo en los milagros"? O a lo mejor conservamos parte considerable de nuestra protesta y de nuestro valor protestantes como para plantarnos y decir: "Creo en los milagros siempre que el Dios todopoderoso quiera hacerlos. Creo que cada vez que Dios quiere hacer algo que se sale de lo ordinario y que es contrario, o al menos trasciende, los procesos naturales habituales, Él puede hacerlo. Creo que los milagros de Jesucristo fueron milagros de verdad. Creo que los milagros del Antiguo Testamento fueron reales". ¿Vamos a permitir que nos laven el cerebro como a los demás?

¿O nos atreveremos a estar firmes, protestar y ser conocidos en este país por ser precisamente protestantes? Entonces seremos personas que se niegan a adaptarse, que hacen que el mundo se adapte a ellas.

Cuando te adaptas, estás muerto. Lo mismo sucede si una iglesia se adapta a estas ideas. Si te adaptas, estás perdido. Pero si te atreves a resistir, el mundo se adaptará a ti. Eso te lo prometo. No todos se adaptarán a ti, pero, al menos, algunos sí lo harán.

Algunos se han preguntado: "¿Será el comunismo la invasión imprevista e insospechada? ¿Será ese acontecimiento que Dios desconocía, que Cristo no previó?". ¿Es posible que Cristo, después de haber triunfado durante los siglos, haya encontrado su Waterloo? ¿Qué respondes a eso? Mi respuesta es un potente, ensordecedor y resonante ¡NO! Jesús nunca ha encontrado su Waterloo y nunca lo hará. Él, Cristo el Señor, cabalgará por los cielos sobre un caballo blanco, y en su muslo estará escrito: "REY DE REYES Y SEÑOR DE SEÑORES" (Apocalipsis 19:16). Los hombres ricos, los hombres poderosos, los científicos, los doctores y los grandes financieros rogarán a gritos que las peñas y los montes caigan sobre ellos para ocultarlos de la ira del Cordero y de la furia de su poder.

¿Es que finalmente el pueblo de Dios ha sido arrebatado de su mano? Él dijo que nunca nos arrebatarían de su mano, pero ¿sabía lo bastante como para poder decirlo? ¿Se han producido algunos avances y progresos nuevos que Él no previó? Una vez más la respuesta es ¡no!

¿NOS RENDIREMOS?

¿Nos rendiremos ante el mundo? ¡No! ¿Nos rendiremos al liberalismo? ¡No! ¿Nos rendiremos al protestantismo apóstata? ¡La respuesta es no! ¿Nos rendiremos a las iglesias a las que han lavado el cerebro, cuyos predicadores temen plantarse y hablar como lo hago yo? ¡La respuesta vuelve a ser que no!

Nuestra iglesia ha de seguir el camino del evangelio. No somos radicales ni estúpidos. No ayunamos cuarenta días. Nos vestimos como los demás, conducimos vehículos y tenemos hogares modernos. Somos seres humanos y nos gusta reír. Pero creemos que el Dios todopoderoso no ha cambiado, y que Jesús es el mismo de siempre. Es victorioso, y no tenemos que disculparnos por Él. No tenemos nada que modificar, ajustar, editar o corregir. Él es el Señor glorioso, y nadie tiene por qué disculparse por lo que dice o hace.

Si nuestra respuesta a las preguntas que he formulado es sí, no dejaremos a nuestros hijos otro legado que la muerte. Y pregunto: ¿creeremos las impactantes palabras "porque yo Jehová no cambio" (Malaquías 3:6)? Yo las creo. ¿Debemos creer las palabras que dicen: "Jesucristo es el mismo ayer, y hoy, y por los siglos" (Hebreos 13:8)? Yo las creo. Debemos creer las palabras que dicen: "al que venciere, le daré a comer del árbol de la vida, el cual está en medio del paraíso de Dios" (Apocalipsis 2:7). "El que venciere, no sufrirá daño de la segunda muerte" (2:11). "Al que venciere, le daré que se siente conmigo en mi trono" (3:21).

No tenemos que ser ovejas que saltan por un barranco porque otras ovejas estúpidas corran hacia allá. Vemos el precipicio, sabemos que está ahí. Escuchamos la voz del pastor, no el balido de las ovejas aterradas. Las ovejas aterrorizadas, intimidadas, corren hacia donde sea.

Yo me planto con firmeza y protesto. Creo que necesitamos recuperar la creencia de que Dios sabía de qué estaba hablando desde el principio. Hemos de recuperar la creencia de que Jesucristo no pasó nada por alto, sino que lo previó todo, y retomar la creencia de que los apóstoles hablaron tal como los movió a hacerlo el Espíritu

Santo. Debemos creer de nuevo que nuestros padres, que nos dieron los grandes credos, no eran necios, sino santos sabios que sabían de qué estaban hablando. Debemos recuperar la creencia de que los protestantes tienen que protestar, los disidentes deben disentir, y los no conformistas deben negarse a conformarse.

LA RESISTENCIA DE LOS COVENANTARIOS[3]

Leamos la historia y veremos cómo los covenantarios prefirieron plantarse y morir antes que rendirse al enemigo. ¿Nos contentamos con ser los hijos degenerados de unos padres magníficos? Pensemos en A. B. Simpson, quien caminó por las costas del océano Atlántico con trozos de cartón pegados a las suelas de sus zapatos, porque no tenía dinero para unos nuevos. Él oró, gimió en el espíritu y clamó a Dios por gentes de todas las naciones que no hubieran escuchado el evangelio. Oró diciendo: "Oh Dios, creo que Jesucristo tu Hijo es el mismo ayer, hoy y por los siglos". Nosotros somos sus descendientes, pero deberíamos pasar un día vestidos de cilicio y sentados entre las cenizas.

> **Creemos que el Dios todopoderoso no ha cambiado, y que Jesús es el mismo de siempre.**

A sus 36 años, Simpson fue un predicador presbiteriano tan enfermo que dijo: "Cada vez que oficio un funeral, siento que podría ser yo quien bajara a la tumba". Debido a su enfermedad se pasaba meses sin predicar. Asistió a un campamento celebrado en los bosques

3. Los *covenantarios* eran los presbiterianos del siglo XVII en la historia de Escocia (N. del T.).

donde escuchó cantar a un cuarteto estas palabras: "Nadie obra como Jesús, nadie obra como Él". Simpson se fue a caminar entre los pinos con este mensaje que resonaba en su corazón: "Nadie puede obrar como Jesús; nada es demasiado difícil para Él. Ningún hombre puede obrar como Él". Aquel presbiteriano culto y tozudo se arrodilló entre las agujas de pino y dijo: "Si Jesucristo es lo que han dicho que es en esa canción, sáname". El Señor le sanó, y vivió hasta la edad de 76 años. Simpson fundó una sociedad que hoy día es una de las denominaciones cristianas más grandes del mundo: la Alianza Cristiana y Misionera.

Nosotros somos sus descendientes y cantamos sus himnos. Pero ¿vamos a permitirnos escuchar aquellas cosas que modificarán nuestra fe, nuestras prácticas y creencias, aguando nuestro evangelio y diluyendo el poder del Espíritu Santo? ¡Pues yo, al menos, no pienso hacerlo!

Me alegra saber que tantos de ustedes opinan lo mismo que yo. Acudiremos al Nuevo Testamento y seremos cristianos bíblicos. Vamos a entregarnos a Dios y no al diablo. Oraremos más, leeremos más nuestras Biblias, y asistiremos más a los cultos de oración. Vamos a ofrendar más, y a romper los hábitos malsanos por el poder de Dios. Nos convertiremos en cristianos conforme al corazón de Dios. Protestaremos en estos momentos en que se acepta un cristianismo endeble, enfermizo, escurridizo, podrido, reincidente, degenerado, apóstata. Nos pondremos de parte de Dios, para actuar como sencillos cristianos protestantes, para actuar como nuestros antecesores presbiterianos escoceses, nuestros ancestros metodistas ingleses, para actuar como aquel amado bautista que rompía el hielo en el arroyo de montaña para bautizar a la gente en las gélidas aguas. En aquellos días tenían un dicho: "Nadie se ha resfriado jamás por bautizarse en el hielo". El Dios todopoderoso se encargaba de que nadie muriera de neumonía.

Aquellos antepasados protestantes crearon estas dos naciones, Estados Unidos y Canadá. Levantaron este continente. ¿Seremos unos descendientes de quienes pudieran avergonzarse? ¿O diremos "Sigan adelante, les seguimos. Ustedes siguieron a Jesucristo y nosotros les seguiremos a ustedes"?

John Thomas era un amado predicador galés a quien yo solía escuchar. Mientras predicaba alzaba las manos al cielo y decía: "Tú pon la voluntad, que Dios pondrá la gracia". Tenía razón. Tú tienes voluntad, y Dios está lleno de gracia.

3

DOS IMÁGENES DE LA IGLESIA

Entonces respondió y me habló diciendo: Esta es palabra de Jehová a Zorobabel, que dice: No con ejército, ni con fuerza, sino con mi Espíritu, ha dicho Jehová de los ejércitos.

Zacarías 4:6

En nuestra granja de Pennsylvania teníamos cerezos, a los que atacaban unos pequeños parásitos. El insecto se fijaba a una rama, taladraba la corteza y exudaba un líquido gomoso. Entonces, en ese punto de la rama crecía un nudo, y la rama se torcía. En todos los árboles podía verse aquellas zonas dobladas con nudos gomosos. Al cabo de dos o tres años, los cerezos no florecían. Si alguna vez lo hacían, normalmente las flores se caían pronto y las cerezas no llegaban a madurar. Si las flores no caían pronto, las cerezas crecían planas y subdesarrolladas, o solo estaban rojas en uno de sus lados.

A mi padre no le interesaba mucho la fruta. Le interesaba el ganado, los caballos y los cereales. Si mi padre hubiera sabido cómo podía proteger aquellos árboles antes de que llegaran a aquel estado tan lamentable, y los hubiera rociado con insecticida o tratado su problema, se habría librado de los gusanos y los bichos, salvando los árboles y su fruto.

Creo que un pastor que se contenta con una viña que no rinde al máximo no es un buen agricultor. Ruego a Dios que seamos una viña saludable y fructífera, que honre al Amado, a Jesucristo el Señor, para que acuda delante del Padre y diga: "Estos son por quienes te pido, los que han escuchado tu Palabra y han creído en mí" (véase Juan 17:6-10). Ruego a Dios que respondamos a la elevada oración sacerdotal de Juan 17, para que seamos una Iglesia conforme al corazón de Cristo, de modo que vea en nosotros el fruto de la aflicción de su alma y esté satisfecho.

Para que podamos ser una viña así necesitamos ser puros. Cada uno debe tener una gran pureza de corazón. Creo que no hay experiencias emocionales que no descansen en la gran pureza de corazón. Nadie puede impresionarme con ningún tipo de manipulación espiritual, ni interesarme en la misma, si su corazón no es puro, aunque resucite a los muertos. La justicia sólida en la conducta debe constituir la raíz de toda experiencia espiritual válida.

UNA NUEVA OLA DE RELIGIÓN

Me temo que ha llegado una nueva ola de religión. Empezó en Estados Unidos, y se está extendiendo. Es cierto tipo de cuestión esotérica del alma o de la mente, y está rodeada de fenómenos extraños. Me da miedo todo aquello que no requiera pureza de corazón por parte de los individuos, ni una conducta correcta en sus vidas.

También anhelo, en la tierna misericordia de Cristo, que entre nosotros se den los siguientes rasgos:

1. *Una atractiva sencillez.* Soy consciente de la artificialidad y la

complejidad de la religión. Me gustaría que fuera sencilla. Nuestro Señor Jesús fue uno de los hombres más sencillos que haya vivido jamás. No se le podía atrapar en formalidades. Dijo lo que tenía que decir de una forma tan hermosa y tan natural como cantan las aves en las ramas por la mañana. Esa cualidad es la que me gustaría que recuperaran las iglesias. Lo opuesto es la artificialidad y la complejidad.

2. *Un amor cristiano radiante.* Quiero ser testigo de la restauración de un amor cristiano radiante, de modo que resulte imposible encontrar a nadie que hable mal o sin misericordia de otras personas o a ellas. Este anhelo está muy bien meditado y cuidadosamente sometido a oración. Al diablo le daría un ataque; se sentiría tan frustrado que se encerraría durante años en el infierno que ha creado. En este periodo final y moribundo de la dispensación cristiana debería existir un grupo de cristianos que manifestaran un amor radiante, un pueblo tan lleno de amor que no se les pudiera inducir a murmurar de otros, que nadie pudiera hacerles hablar sin misericordia.

No hay nada que sea más amargamente gracioso que la ambición dentro del cuerpo de Cristo.

3. *Una reverencia humilde.* Me decepciona ver que vamos a la iglesia sin la sensación de la presencia de Dios o un sentimiento de reverencia humilde. Existen religiones falsas, sectas religiosas extrañas y sectas cristianas que creen que pueden meter a Dios en una caja, y cuando se acercan a esa caja, les invade una sensación de temor reverente. Por supuesto, tú y yo queremos vernos libres de todo paganismo y de todo cultismo falso. Pero también nos gustaría ver a una compañía de personas que estuvieran seguras de que Dios estaba con ellas, no en una caja ni en una galleta, sino en medio de ellas. Esas personas sabrían que Jesucristo estaba justo

en medio de ellas, y esto las llevaría al punto de sumirse en una reverencia humilde cuando se reunieran.

4. *Una atmósfera de informalidad gozosa.* G. Campbell Morgan, un gran predicador británico que durante muchos años fue pastor de la Capilla de Westminster, en Londres, abandonó su iglesia y se fue a Gales, donde estaba en marcha el avivamiento galés bajo Evan Roberts, en un momento anterior de este siglo. Se quedó allí una temporada empapándose de la gloria del acontecimiento. Leo el sermón que predicó más tarde a su congregación, y es lo más parecido a una reprimenda que saliera jamás de los labios de aquel gran predicador. Les dijo: "Sus himnos no son alegres, su actitud no manifiesta alegría, y no tienen el empuje o el gozo que vi en Gales". Les exhortó para que llegaran al punto en que se vieran dominados por esa sensación de informalidad gozosa.

5. *Un lugar en el que cada uno estima a los demás como superiores a sí mismo.* Como resultado de esto, todo el mundo estaría dispuesto a servir, pero nadie se enfrentaría a otros para ascender posiciones. No hay nada que sea más amargamente gracioso que la ambición dentro del cuerpo de Cristo. Es como si un hombre estuviera en una lancha salvavidas, habiéndose librado de una salada muerte en las profundidades oceánicas, tuviera la ambición de convertirse en el capitán de la pequeña lancha que fue de camino para salvar a los que iban a bordo del barco naufragado. Es como si un hombre llegara a una zona derruida por un terremoto, llena de personas moribundas, y luchara por ascender de rango.

NO HAY LUGAR PARA LOS AMBICIOSOS NI LOS PEREZOSOS

La Iglesia de Cristo no es lugar para los ambiciosos ni para los perezosos. Me gustaría que nuestra comunión cristiana fuera un entorno en el que cada miembro estimara a los demás como superiores a él o a ella misma. Por este motivo, nadie debería empujar ni apartar a los demás para obtener una posición más elevada. Por otro lado, nadie debería negarse a servir.

En la comunidad cristiana deberíamos ser un pueblo sin duplicidad.

6. *Una inocencia infantil.* Me gustan los niños por su inocencia, que es increíblemente hermosa. Te miran y te dicen las cosas más sencillas del mundo. Si fueran un poco mayores, seguro que se sonrojarían hasta las raíces del cabello, pero son total y completamente sinceros. Me gusta hablar con ellos, y que se me acerquen y me cuenten cosas, porque sin duda que antes de marcharse me dicen algo interesante. Si no quieres que algo se sepa, no se lo digas a los pequeños, porque son capaces de contar de todo. No tienen nada que esconder. Creo que, aun con las limitaciones pertinentes de nuestra edad adulta, deberíamos estar en un entorno donde espiritualmente fuéramos tan cándidos que no hubiera duplicidad ni deshonestidad alguna.

Un dúplex es una casa donde hay más de una vivienda, hay dos. La duplicidad es lo mismo: significa que hay dos. Por ejemplo, Judas Iscariote era la duplicidad encarnada. Era tan astuto que ni siquiera los discípulos sabían cuál era el traidor. Dijeron: "¿Soy yo, Señor? (Mateo 26:22). Y Jesús dijo: "El que mete la mano conmigo en el plato, ése me va a entregar" (26:23). Tuvo que decírselo. Aquel hijo de perdición había vivido con Jesús y con sus once discípulos durante tres años, y los había engañado hasta tal punto que, cuando llegó el momento de la verdad, no supieron quién de ellos era el traidor. Necesitaron de una indicación para enterarse. Ese fue el ejemplo más hábil de duplicidad que conozco. Tenía dos caras, y podía alternar entre ellas según la ocasión. Al cambiar era tan diestro que nadie se daba cuenta. Presentaba una cara a Jesús y a sus discípulos, y la otra a los enemigos del Señor. ¡Eso sí que es duplicidad!

UN PUEBLO SIN DUPLICIDAD

En la comunidad cristiana deberíamos ser un pueblo sin duplicidad. Cada uno de nosotros solo tiene una cara. Sé que si tienes más de una cara que presentar al público, algo va desesperadamente mal. Una de tus caras experimentará un terrible juicio de Dios.

Debemos ser personas sin duplicidad, deshonestidad e hipocresía. ¿Qué es la hipocresía? "Hipocresía" es un antiguo término griego usado para referirse a un actor que estaba sobre el escenario, alguien que fingía ser lo que no era. No era Job pero fingía ser Job, de modo que se colocaba una máscara y se paseaba por el escenario. Hoy día la gente también lo hace. Se suben al escenario de un teatro o salen en televisión, se ponen unos bigotes, se añaden maquillaje y se convierten en personas que no son. Un hipócrita es un actor, alguien que está desempeñando un papel.

7. *La presencia de Cristo que sea como la fragancia de la mirra y del áloe.* Cuando te acostumbres al aroma de las vestiduras del Señor, no querrás ninguna otra cosa. Si nunca percibimos el aroma de la mirra y del áloe en palacios de marfil, podremos pasarnos la vida sin echarlo de menos. Pero en cuanto aspiremos un atrayente efluvio de la fragancia de esas vestiduras, nunca nos sentiremos satisfechos con nada menos que eso.

Cuando mi esposa y yo acabábamos de casarnos, asistimos a una iglesia de la Alianza Cristiana y Misionera en Akron, Ohio. En aquella iglesia había algo, flotaba en ella algo de la esencia de Dios. En aquellos tiempos predicaba el gran Dr. Gerow. La iglesia contaba con algunos dulces hermanos en la fe, maravillosos hombres y mujeres de Dios, y aquel lugar desprendía una fragancia determinada. Nunca lo he olvidado. Pasé tres años en aquella iglesia, de los 19 a los 21 años, y no recuerdo haber recibido ayuda de nadie de mi edad. Pero ¡vaya si recuerdo haber recibido la ayuda de los santos más mayores, una ayuda que ha permanecido conmigo hasta hoy, de unas personas cuyas prendas exhalaban el aroma de la mirra, el áloe y la canela de los palacios de marfil!

8. *Respuestas a las oraciones. Los milagros no deben ser poco habituales.* No soy un predicador de milagros. He estado en iglesias donde han anunciado reuniones de milagros. Si lees el periódico del domingo, de vez en cuando encontrarás a alguien que llegará a la ciudad y anunciará: "¡Vengan a ver milagros!". No me interesa ese tipo de espectáculo.

La Iglesia debe ser una viña saludable y fructífera que aporte honor a Cristo.

No se pueden obtener milagros igual que obtenemos una reacción química. Nunca conseguirás un milagro como obtienes la maravillosa actuación de un mago en un escenario. Dios no se vende a manos de magos religiosos. No creo en ese tipo de milagros. Creo en el tipo de milagros que Dios concede a unas personas que viven tan cerca de Él que las respuestas a sus oraciones son algo frecuente, y esos milagros son habituales.

John Wesley no se rebajó ni una vez en su vida a predicar sobre los milagros. Pero los milagros que siguieron al ministerio de John Wesley fueron increíbles. En uno de los casos había concertado una cita, pero su caballo se quedó cojo y no pudo viajar. Wesley se arrodilló junto a su montura y oró pidiendo sanación. Entonces se subió al caballo y, sin que este cojeara, llegó cabalgando a su destino. No dio publicidad al milagro diciendo: "¡Vamos a montar una gran tienda y anunciarlo!". Sencillamente, Dios hacía esas cosas por él.

Aunque C. H. Spurgeon no predicaba la sanación, como respuesta a sus oraciones se curaron más personas que las atendidas por ningún médico londinense. Este es el tipo de milagros del que hablo.

A la luz de las Escrituras, a la luz del tribunal de Cristo, y a la luz de la eternidad, ¿es disparatado lo que pido? ¿Es irrazonable la descripción que he hecho? Este retrato de la verdadera Iglesia, ¿es desatinado? ¿Es indeseable e imposible tener este tipo de iglesia? ¿Es una imagen no bíblica?

La Iglesia debe ser una viña saludable y fructífera que aporte honor a Cristo, una Iglesia conforme al corazón de Cristo, donde pueda contemplar la aflicción de su alma y estar satisfecho. Entre las personas debería manifestarse una hermosa sencillez y un radiante amor cristiano, de modo que fuera imposible hallar murmuradores y chismosos. Debería darse una atmósfera de reverencia humilde y de informalidad gozosa, donde cada uno estime a los demás como superiores a sí mismo, donde todo el mundo esté dispuesto a servir pero nadie luche por escalar posiciones. La Iglesia debe caracterizarse por una inocencia infantil, sin duplicidad ni deshonestidad, y es necesario que en ella se perciba la presencia de Cristo, y que todos sus amados acepten la fragancia de sus ropajes. Las oraciones deben recibir respuesta de una forma tan habitual que no nos parezca extraordinaria. Sería algo frecuente porque Dios es Dios y nosotros somos su pueblo. Cuando fueran necesarios, los milagros no serían infrecuentes.

A la luz de las Escrituras, ¿esperar esto de una iglesia es irrazonable e indeseable? ¿Hay algo mejor? Si hay algo mejor, ¡dímelo!

¿Es imposible? ¿Hay algo imposible para Dios? ¿Hay algo imposible donde está el Señor Jesucristo? ¿Esto es antibíblico? ¡No! Lo único contrario a la Biblia que tiene esta visión es que aún no está a la altura de las Escrituras. Los estándares escriturales siguen siendo altos.

Si me dices: "No, no es irrazonable, indeseable ni imposible", es porque crees en esto. Si crees en esto, si quieres convertirte en miembro de la iglesia que pudiera empezar esta renovación, este cambio a mejor, esta restauración del antiguo poder de Dios en el alma de las personas, entonces debes experimentar una ruptura psicológica radical con el talante religioso prevaleciente.

Usando una cuidadosa descripción te he dicho cómo debería ser una iglesia. Ahora voy a describir las iglesias como son, con algunas excepciones hermosas, por supuesto. En casi todas las iglesias hay santos puros, unos pocos aquí y allí, pero la actitud religiosa prevaleciente es egocéntrica, en lugar de centrarse en el mundo. En lugar de ser extrovertida y ganar almas, la iglesia media es egoísta y está satisfecha consigo misma. Hacemos nuestros informes y dedicamos páginas a explicar que hemos sido unos chicos y unas chicas muy buenos. Parece que a todos nos embarga la satisfacción con nosotros mismos.

La mundanalidad espiritual es la actitud más extendida en la iglesia promedio junto con la carnalidad de corazón. Al respecto, Pablo dijo a los corintios: "Son carnales, y no les puedo hablar de asuntos espirituales. Quisiera ir a predicarles cosas profundas, pero son demasiado carnales".

Otra actitud prevaleciente en la iglesia promedio es ser cristianos de nombre pero no cristianos en la práctica. Nuestro problema no es que nos neguemos a creer en la sana doctrina, sino que no queremos practicarla. Vivimos en la contradicción peculiar de creer lo correcto, pero vivir de forma incorrecta, una anomalía extraña dentro de la Iglesia en todo el mundo.

En la Iglesia hay muchos que aman más los placeres que a Dios. Si no te gusta lo que estoy diciendo, quiero preguntarte algo. Piensa en las compañías que frecuentas. ¿De qué habláis más a menudo? ¿De Dios y del amor de Dios o de otras cosas? Decídelo.

Hoy día muchos cristianos no soportan la sana doctrina. Pablo describió a esas personas diciendo que tenían "comezón de oír" (2 Timoteo 4:3). Eran cristianos, pero no les gustaba la sana doctrina. Se llamaban cristianos, pero les picaban los oídos.

Vivimos en la contradicción peculiar de creer lo correcto, pero vivir de forma incorrecta.

Un comentarista al que leí hace unos años explicaba esto. En la época de Pablo, los cerdos tenían una enfermedad llamada "comezón de oído". El síntoma era que se les inflamaban las orejas y les picaban mucho. La única manera que tenían de aliviarse de aquella irritación en las orejas era acudir a un montón de piedras y frotarse enérgicamente contra ellas. Las piedras les calmaban la picazón… durante un rato.

Pablo vio esto, sonrió con tristeza y dijo: "Aquí y allá me encuentro con cristianos que hacen justamente eso. Aman más los placeres que a Dios, y no toleran la sana doctrina. Les pican los oídos, de modo que están ansiosos de encontrar cualquier cosa que no sea la sana doctrina y los caminos de la santidad. Apilan a los maestros en un montón y luego se rascan desesperadamente las orejas". Es una ilustración dramática y colorida. Muchas personas que se consideran cristianas necesitan montones de piedras para rascarse las orejas. No soportan la sana doctrina. Creo que esta es una descripción de las iglesias, tanto protestantes como evangélicas.

A la luz de las predicciones, las enseñanzas y los estándares del Nuevo Testamento, ¿es falso lo que acabo de decir sobre el talante religioso generalizado? ¿Manifiesta falta de amor lo que he dicho sobre esa actitud religiosa extendida? ¿Supone llegar a un extremo? No creo que lo sea, pero te pido que hagas solo una cosa: mira a tu alrededor y también en tu corazón. Decide cuál de estas imágenes describe a las iglesias que conoces.

4

LA GRAN PRUEBA: ALTERAR LA VERDAD

Hay una gran decisión que debe tomar toda denominación en algún momento del desarrollo de su historia. Además, también debe tomarla toda iglesia, en sus comienzos o un poco más tarde… normalmente, un poco más tarde. Al final, toda junta administrativa se enfrenta a esta decisión y ha de seguir manteniéndola, no mediante una gran decisión que se toma de una vez y para siempre, sino por medio de una serie de pequeñas decisiones que, sumadas, forman una grande. Todo pastor debe tomar esta decisión, y debe seguir renovándola de rodillas ante Dios. Por último, todo miembro de la iglesia, todo evangelista, todo cristiano debe tomar esta decisión. Es una cuestión de juicio sobre esa denominación, esa iglesia, esa junta, ese pastor, ese líder y sobre sus descendientes y sus hijos espirituales.

La decisión que debemos tomar es la siguiente: *¿Modificaremos la verdad de la doctrina o de la práctica para conseguir más seguidores?* ¿O defenderemos la verdad en la doctrina y en la práctica y aceptaremos las consecuencias? Si la decisión es modificar la verdad y la práctica de la iglesia, seremos responsables de las consecuencias, sean cuales fueren. Dios ya sabe cuáles son las consecuencias, y la historia las ha demostrado. Pero si optamos por preservar la verdad, Dios acepta la responsabilidad.

Los empresarios deben tomar esta decisión en los negocios. Todo el mundo debe hacerla cuando llega el momento de declarar sus ingresos. Los estudiantes deben tomarla en la escuela. Todos debemos tomarla en aquellos aspectos de nuestras vidas que tienen relación con la sociedad. ¿Preservaremos la verdad y la práctica de la verdad, o la alteraremos cómodamente para ser más populares, obtener más seguidores y tener las cosas más fáciles en este mundo?

En realidad, nunca deberíamos formularnos esta pregunta. Es como preguntar "¿Debe un marido ser fiel a su esposa?". Solo hay una respuesta para esta pregunta. Cuando preguntamos "¿Defenderemos la verdad y la práctica de la iglesia, o la alteraremos para obtener resultados inmediatos y visibles?", solo deberíamos tener una respuesta. No es una pregunta debatible, y sin embargo hay que debatirla constantemente en la sala de oración privada. Se debate sin cesar cuando se celebran seminarios, cuando se reúnen las juntas administrativas y cuando un pastor debe tomar una decisión.

Cuando tomamos la decisión de alterar la verdad, acarreamos sobre nosotros las consecuencias de esa elección.

Lo que me diferencia de muchísimas personas, que quizá me superan en capacidades, es mi compromiso por conservar la verdad y la práctica de la iglesia. Esta es mi convicción, que he mantenido durante mucho tiempo y que he confirmado profundamente mediante el conocimiento del hecho de que las iglesias evangélicas modernas, casi sin excepción, han decidido alterar un poco la verdad y la práctica para tener más miembros y encajar mejor en su entorno. Cuando tomamos la decisión de alterar la verdad, acarreamos sobre nosotros las consecuencias de esa elección. ¿Cuáles han sido esas consecuencias?

Una ha sido la ausencia de un espíritu de adoración en la Iglesia. Hay muchas personas que ni siquiera saben qué quiere decir esta expresión. Es muy triste. Deseo que Dios cambie las cosas un poco o que me dé una visión de su gloria entre su pueblo. Admito que a veces me siento como el hombre de Dios que dijo:

> *Y dije: ¡Quién me diese alas como de paloma! Volaría yo, y descansaría. Ciertamente huiría lejos; moraría en el desierto* (Salmos 55:6-7).

Muchos creyentes en el Señor no saben qué queremos decir al mencionar el espíritu de adoración en la Iglesia. Son pobres víctimas de juntas, iglesias, denominaciones y pastores que han tomado la noble decisión de alterar un poco la verdad y la práctica. Pero Dios respondió: "Si lo haces, te apartaré del espíritu de la adoración. Quitaré tu candelero".

LA AUSENCIA DE DESEO ESPIRITUAL

Una segunda consecuencia es la ausencia de deseo espiritual. ¿Cuántas personas a las que conoces arden de deseo espiritual y anhelan conocer a Dios? ¿Cuántas derraman lágrimas de entusiasmo cuando hablas con ellas? ¿Cuántas dicen "¡Oh, ojalá conociera mejor a Dios!"? Nuestros padres tuvieron deseo espiritual y pasaron días con Dios.

Otro resultado es la frialdad del corazón, que se parece a la ausencia de deseo espiritual. Una vez has sido bautizado con el fuego del anhelo interior, nunca te satisfará la frialdad del corazón.

G. Campbell Morgan, el gran predicador inglés, fue a Gales para presenciar el avivamiento galés, y luego regresó a la Capilla de Westminster. Lo que vio en Gales emocionó hasta tal punto a aquel gran expositor que se puso en pie y se dirigió a su público, a quien dijo, en esencia: "Son un grupo de personas frías. Ni siquiera cantan con ardor, ni siquiera cantan como debieran". Morgan había escuchado cantar a los galeses; cantaban los Salmos, nada más. Un hombre se levantaba para predicar y, entre el público, alguien entonaba un salmo y toda la congregación se le unía para cantarlo. El predicador tenía que volver a sentarse, confundido. Dios nunca le había dicho que predicara, y él lo sabía. Entonces dos o tres personas caían de rodillas y se convertían; nada de llamadas para acudir al frente de la iglesia: se convertían allá donde estaban. El fuego de Dios descendía sobre ellos en todas partes.

La voluntad de Dios es que ardamos de anhelo espiritual.

Se levantó un hombre y dijo: "Esta noche tengo un sermón que se fundamenta en tres palabras que empiezan por la letra C", y luego hizo una lista de sus tres ideas, cada una de las cuales empezaba por esa consonante. Antes de que llegara a la mitad de la primera C, el Espíritu Santo descendió sobre el público. Alguien con una voz potente empezó a cantar un salmo, y como todos se le unieron, hicieron callar al predicador. Se sentó sin haber llegado a las otras dos C. Aquellas personas tenían calidez de corazón. Pero nosotros no la tenemos porque hemos tomado la decisión innoble de que preferimos renunciar en parte a la verdad y a la práctica.

LA FALTA DE ESPÍRITU DE ORACIÓN

Una cuarta consecuencia es la falta del espíritu de oración. Ningún niño nace sin que haya un parto. Cuando Evan Roberts, a quien Dios utilizó para activar el gran avivamiento galés, estaba en una reunión de oración, alguien le dijo: "Evan, nunca me pierdo una reunión de oración, porque justo aquella que me perdiera podría ser cuando se manifestara el Espíritu Santo". Así que Evan nunca se saltaba una reunión de oración. Una noche, cuando estaba de rodillas, el Espíritu Santo descendió sobre él, y empezó a orar: "Oh, Dios, quebrántame, quebrántame, quebrántame". En aquel momento estaba orando otro hombre, y Evan no quiso interrumpirle. Roberts describió así la experiencia: "Esperé a que el otro hombre concluyera, pero daba la sensación de que no acabaría jamás; oraba y oraba sin cesar. Al final, fue bajando el volumen y pronunció un 'amén' entrecortado". Evan empezó a orar, y el lugar se conmocionó con su oración. A partir de ese momento se puso en marcha el avivamiento galés.

Ese es el espíritu de oración. Cuando el espíritu de oración recae sobre las personas, Dios responde a sus oraciones y se hacen cosas. Cuando el espíritu de oración no está sobre nosotros, no hacemos más que hablar entre dientes sin cesar. Pero cuando el espíritu de oración viene sobre nosotros, el Espíritu que ora en nosotros al Dios que está por encima de nosotros hará cosas a nuestro alrededor.

NO SE PERCIBE LA PRESENCIA DE DIOS

Una quinta consecuencia que tiene alterar la verdad es que en la iglesia media no existe una percepción de la presencia divina. Yo visito muchos lugares, pero no entro en muchos en los que perciba la presencia de Dios. Casi no hay respuestas a las oraciones, ni tampoco manifestaciones divinas. Esto conduce a la consecuencia más letal de todas: la ausencia de santidad.

En el mundo hay unos cuantos santos que están tan entregados a Dios que no es posible mantenerlos quietos. Siempre están proponiendo cosas, y uno se da cuenta de que han estado en la presencia del Señor. Viven su fe de una manera regular y coherente. Todo lo que hacen está en consonancia con aquello de lo que dan testimonio.

El espíritu de oración debería estar sobre nosotros hasta que las lágrimas fueran tan frecuentes como la nieve en Toronto. La voluntad de Dios es que ardamos de anhelo espiritual. Deberíamos estar cantando: "Oh, Jesús, Jesús, amado Señor, perdóname si digo, por el amor llevado, tu nombre precioso mil veces al día". No cantaríamos con hipocresía, sino creyendo en lo que diríamos.

La voluntad de Dios es que no tengamos un corazón frío. La diferencia entre la frialdad y la calidez de corazón es la diferencia que existe entre estar enamorado y no estarlo. Cuando una persona ama profundamente a alguien del sexo opuesto, a un bebé o a un niño, caldea sus afectos. A veces, el teléfono suena por la noche, y la operadora dice, al otro lado de la línea: "¿Acepta esta llamada a cobro revertido, de una persona llamada Becky?". En cuanto me llega una llamada de mi hija, siento que algo se caldea dentro de mi ser. Recibo llamadas de personas que no me hacen sentir ninguna calidez. Me gustan esas personas, pero no siento una calidez particular por ellas. Esa es la diferencia entre la frialdad y la calidez de corazón.

Dios quiere que tengamos corazones cálidos, y desea que tengamos un espíritu de oración para que esta sea eficaz. La mayor parte de la oración es como girar una y otra vez la llave de contacto de una batería agotada, y que el motor de arranque ni siquiera suena. "Señor y Padre nuestro…" veintinueve veces, y sigue sin saltar la chispa. Dios no quiere que oremos así. Quiere que su pueblo tenga espíritu de oración. Tú puedes tener este espíritu. Él quiere responder a tu oración, y quiere que te embargue esa sensación de su presencia. Recuerda siempre una cosa: cuando viene el Espíritu del Señor, esa es la presencia, y tú la tienes. Dios quiere manifestarse.

Nuestro afán de ser correctos, de no ser inoportunos, de no permitir que suceda nada de naturaleza fanática, se mantienen hasta que deja de pasar cualquier cosa. No hay manifestación divina, la santidad brilla por su ausencia. Sin embargo, Dios quiere que conozcamos su presencia y manifestemos santidad.

NORMALMENTE SEGUIMOS UNA TENDENCIA

¿Cómo nos hemos metido en este lío en que vivimos? Bueno, por lo general los evangélicos seguimos una tendencia. A menos que tengamos los ojos bien abiertos y sepamos adónde va a parar una tendencia determinada, es peligroso seguirla. Esta tendencia comenzó en las últimas décadas del siglo pasado y se ha perpetuado gracias a algunos nombres famosos que la han apoyado. Estas personas, movidas por el celo de hacer conversos y simpatizantes, simplificaron en exceso la fe cristiana. Esta es nuestra dificultad actual. La simplificamos demasiado, y sin embargo nunca parecemos sencillos. ¿No es curioso? La simplificamos en exceso, y sin embargo tenemos las creencias más complejas y desordenadas que podamos imaginar.

> **Dios quiere que conozcamos su presencia y manifestemos santidad.**

El cristiano promedio es como un gatito que ha encontrado un ovillo de lana y ha jugado con él hasta que se ve envuelto como en un capullo. El gatito no puede librarse solo del ovillo;

se limita a quedarse enredado y gimotea. Alguien tiene que acudir a desenredarlo. Hemos intentado ser sencillos, pero en lugar de hacerlo hemos simplificado, no nos hemos vuelto más sencillos. Somos sofisticados y demasiado difíciles.

Hemos simplificado tanto la fe cristiana que ahora consiste en esto: Dios es amor; Jesús murió por ti; acéptalo, sé feliz, diviértete y cuéntaselo a otros. ¡Y allá que nos vamos! Ese es el cristianismo de nuestros días. No daría ni cinco centavos por el mismo. De vez en cuando, Dios recoge a alguna pobre oveja herida que se las arregla para vivir de esa manera, y nos preguntamos cómo es posible que sobreviva.

He viajado por el sudoeste norteamericano, y he visto reses perdidas. Si el tren no iba demasiado rápido, se podían contar sus costillas. Ahí yacían, entre los tallos de altas hierbas, marrones, secos y duros. Mientras pasábamos veloces, me preguntaba cómo podían sobrevivir aquellos pobres animales. El caso es que, de una u otra manera, lo consiguen.

Incluso en medio de este ambiente encontrarás a unos pocos miembros del pueblo de Dios. Ha habido generaciones enteras de cristianos que han crecido creyendo que la suya sigue siendo la misma fe de sus padres que se mantiene viva a pesar de los calabozos, el fuego y la espada. El diablo no se molestaría jamás en intentar matar a alguien por actuar como lo hacen ellos. No le molesta: lo único que de verdad odia el diablo es a alguien que le plante cara.

Cuando mi amigo Alan Redpath le estrecha la mano a alguien, sonríe y le dice: "Bueno, pues CRAD". Las siglas significan "continúa resistiendo al diablo". El diablo no te hace caso si no supones una molestia para él, y la mayoría de nosotros no lo somos. El diablo nos mira, sonríe y dice: "Esa pobre criatura, pequeña, demacrada y enclenque, no puede perjudicar en absoluto a mi reino". Ha habido toda una generación que ha creído que esto era el cristianismo. Esta es la fe de nuestros padres, que sigue viva a pesar de las mazmorras, el fuego y la espada. Pero nadie ha metido jamás a personas así en un calabozo: ya viven allí. Nacieron allí. Nadie las ha arrojado a las llamas, porque son inofensivas.

Debe producirse una reforma, un avivamiento que dé como resultado que enfaticemos la verdad olvidada. No predico una verdad nueva. No tengo una doctrina nueva, y si alguien viniera predicando una doctrina nueva, le diría: "Lo siento, pero ya tenemos nuestra doctrina". No permitiría que ese predicador subiera al púlpito. No queremos una doctrina nueva: queremos que se dé importancia a esa doctrina que ya conocemos todos bien.

UN AVIVAMIENTO QUE EXIJA PUREZA DE CORAZÓN

Debemos tener un avivamiento que exija la pureza de corazón como estándar normal para todos. Debemos ser personas limpias, y no solo por fuera. Por lo general, los evangélicos no fuman, y dado que no lo hacen, piensan que están haciendo un servicio para Dios. Gracias a Dios porque no fuman: ese es un primer paso hacia la vida limpia; pero la pureza de corazón llega a un lugar más profundo.

La pureza de corazón es algo que se da por hecho, pero aun así debemos tenerla para ser personas limpias. Incluso en el tiempo que llevo vivido (y aún no he cumplido los quinientos años), recuerdo bien que antes, cuando la gente se enojaba, tenían que acudir ante un altar y ser limpios. Esas personas sabían que habían perdido la victoria, que no estaban a bien con Dios. Se suponía que los creyentes debían tener un corazón puro. Necesitamos un avivamiento que implique que la energía de Dios fluirá para dotar de poder a nuestro testimonio cristiano.

"Pero recibiréis poder, cuando haya venido sobre vosotros el Espíritu Santo, y me seréis testigos" (Hechos 1:8). Resulta frustrante hablar con personas acerca del Señor y no llegar a ninguna parte, no tener ni pizca de poder.

Además de convertirnos en personas de corazón limpio, tenemos que ser una comunidad en la que se den respuestas frecuentes a las oraciones y al llamado de misioneros y predicadores cristianos. Me gustaría ver que nuestros jóvenes sintieran el llamamiento de Dios hasta que se vieran obligados a abandonarnos y a empezar a predicar. Quisiera ver al Espíritu de Dios moverse sobre nosotros hasta que nuestros jóvenes ya no pudieran seguir sentados planteándose con quién y cuándo se van a casar. Eso llegará en su momento, pero quisiera que pensaran "*¿Dónde puedo servir a Dios?*". Entonces, un día, sin previo aviso, la mano de Dios se posará en sus hombros y partirán. ¿Cuántos jóvenes como estos he visto? Muchos jóvenes se acercan a mí y me dicen: "Siento que Dios ha puesto su mano sobre mí".

Necesitamos un avivamiento que implique que la energía de Dios fluirá para dotar de poder a nuestro testimonio cristiano.

Un hombre al que conocí durante la Segunda Guerra Mundial tenía un temperamento bastante extraño. Yo pensaba que nunca llegaría a ser nada en la vida. Se fue a la guerra, resultó herido y, tambaleándose, cayó por un barranco. Podría haber muerto. Antes de caer por el barranco, dijo: "Me han llamado a Etiopía". Mientras rodaba y se deslizaba lentamente hacia una muerte segura, supo que Dios le había llamado a Etiopía. Un sargento, un hombre mayor y corpulento, le vio caer, lo agarró cuando estaba a punto de despeñarse y le puso a salvo; con el tiempo se recuperó. Después de la guerra volvió, pero nadie le quería, porque no tenía estudios. Al final, una sociedad misionera muy conocida le envió a Etiopía. Acudió a ese país y desde entonces se encuentra allí predicando.

NECESITAMOS AVIVAMIENTO Y REFORMA

Creo que necesitamos desesperadamente que se produzca un avivamiento y una reforma. En Éxodo leo sobre el final de los cuatrocientos años posteriores a la derrota de Israel. Leo sobre Ezequías, el hijo de un padre malvado, Acaz, que había llevado a Israel al peor estado moral que había conocido en muchísimo tiempo. Acaz murió, y su hijo Ezequías reinó en su lugar. Ezequías fue un hombre santo, y de inmediato buscó a Dios. Sacó del templo las inmundicias y envió un mensaje por todo Israel diciendo: "Vengan a la convocatoria". Israel empezó a ser bendecido. Limpiaron el templo y volvieron a encender los fuegos (2 Crónicas 29). En cuanto se dieron cuenta, ya tenían un avivamiento entre las manos. Fue también Ezequías quien oró cuando Senaquerib descendió como un lobo sobre un cordero, con sus ejércitos vestidos de púrpura y de oro. Fue bajo la dirección de Ezequías cuando el aliento del Señor acabó con miles de soldados, librando a Jerusalén (2 Crónicas 32:1-23).

El mundo aguarda a escuchar una voz auténtica, una voz de Dios.

Cuando los israelitas volvieron de Babilonia, Dios habló a un hombre con interés, un hombre preocupado, que era copero del rey. El rey le dijo: "¿Qué pasa contigo? Nunca habías estado tan abatido". Nehemías respondió: "Perdonadme, majestad, os lo ruego, pero no puedo evitarlo. Tengo el corazón roto. La ciudad de mis padres está en ruinas y las zorras saltan por encima de los muros. El templo glorioso donde solíamos adorar a Jehová ha sido destruido por completo, y la religión de Israel ha entrado en decadencia". El rey Artajerjes, sin saber que Dios estaba obrando en su vida, le dijo: "Puedes regresar para reconstruir Jerusalén". Ese fue el principio del éxodo desde Babilonia.

Desde los tiempos bíblicos hemos tenido estos periodos de refrigerio que provinieron de la presencia del Señor. Hoy estaba leyendo un libro sobre este tema y me ha llamado la atención un comentario. El escritor dice: "Dios añadió una posdata a eso". Es esta: "El que tiene oído, oiga lo que el Espíritu dice a las iglesias. Al que venciere, le daré a comer del árbol de la vida, el cual está en medio del paraíso de Dios" (Apocalipsis 2:7).

Todo el mundo libra una batalla en privado, un combate. Estás en medio de una generación malvada y adúltera, pero debes vencer. "Al que venciere" significa que también tú puedes vencer, pero también señala que no todos lo hacen. Puedes vencer a tu propia carne, lo que supone la batalla más difícil. Puedes vencer a la tradición y a la costumbre, que será el segundo combate más difícil. Puedes vencer todas las cosas. "Al que venciere, le daré a comer del árbol de la vida, el cual está en medio del paraíso de Dios" (2:7).

El mundo aguarda a escuchar una voz auténtica, una voz de Dios; no un eco de lo que hacen y dicen otros, sino una voz auténtica.

5

UN CONCEPTO BÍBLICO DE LA IGLESIA

En torno al principio de la Primera Guerra Mundial, en Estados Unidos tuvimos una visitación, pero no de poder espiritual, sino de lo que yo llamo *tabernaculismo.* Todo el que tuviera una buena personalidad y la capacidad de predicar podía abrir un tabernáculo a la vuelta de la esquina, atraer a una multitud, sacar a gente de las iglesias y luego burlarse de ellas. Entiendo por qué se produjo semejante revuelta: las iglesias estaban casi muertas. Se gastó mucho dinero en levantar aquellos tabernáculos, pero a menudo los hombres que los fundaron se marcharon de la ciudad y no hubo nadie que pudiera mantenerlos, de modo que la multitud se dispersó. Los acreedores hipotecarios ejecutaron la hipoteca y los tabernáculos quedaron abandonados.

La Depresión acabó con ese movimiento. Nadie tenía dinero, de modo que no era factible ir por ahí abriendo iglesias. Sin embargo, a consecuencia de esto hoy disponemos de enormes edificios eclesiales repartidos por todos los Estados Unidos. No sirven de nada, pero dejaron tras de sí un residuo, una filosofía nociva y peligrosa.

En realidad, esa filosofía es una teología peligrosa por lo que respecta a la Iglesia. Se rechazó a la Iglesia, se la consideró algo sin importancia: ven cuando quieras, vete cuando debas; no tengas otro credo que Cristo, ni más ley que el amor, ni más pastor que Jesús, ni membresía ni nada. Esta filosofía nos ha dejado desamparados, como una playa tras una tormenta en la que ha soplado un temporal.

Es hora de que reconsideremos este asunto de la Iglesia. La mayoría piensa que la Iglesia es un hecho social familiar. Normalmente, su actitud hacia el protestantismo es la que tienen hacia algo que se da por hecho, y las personas, incluso los cristianos promedio, piensan que están a favor de la Iglesia. Simpatizan con la Iglesia de la misma manera que respaldan la maternidad, la honradez y la higiene. La aceptan como una convención que no cuestionamos ni ponemos en duda. Si alguien la cuestiona o la pone en duda, se les considera comunistas o ateos. La gente es capaz de destinar su dinero a respaldar las convenciones sociales.

En la iglesia local debería reproducirse todo lo que existe dentro de la Iglesia universal de Cristo.

Sin embargo, me pregunto cuántos se paran y dicen: "¿Qué es esto? A lo mejor la Iglesia es simplemente algo que está ahí; no tiene ningún valor y no hay ningún motivo para que siga existiendo". ¿Cuántos cristianos contemporáneos han escudriñado seriamente las Escrituras teniendo una pesada carga en el corazón, con intención de saber qué es la Iglesia? ¿Es una mera convención que se perpetúa? ¿Cuántos cristianos han orado sinceramente para que descienda sobre ella la luz celestial?

Da la sensación de que la persona promedio dedica más tiempo y más esfuerzo intelectual cada año a rellenar los impresos de la declaración de impuestos que a aprender, de las Escrituras y de la luz del Espíritu, en qué consiste la Iglesia y qué debería hacer él o ella al respecto. ¿Por qué está en el mundo? ¿Qué quiso decir Jesús cuando afirmó "sobre esta roca edificaré mi iglesia; y las puertas del Hades no prevalecerán contra ella" (Mateo 16:18b)? Si la gente mordisqueara sus lápices, caminaran inquietos de arriba para abajo, se fueran a dar un paseo y al volver pensaran sobre el tema, escudriñaran, pensaran, discernieran, dividieran e hicieran todo lo que tienen que hacer cuando llega el momento de declarar sus impuestos una vez al año, creo que obtendrían algunas respuestas maravillosas.

COMPRENDER A LA IGLESIA UNIVERSAL

Cuando sepamos qué es la Iglesia universal, entenderemos qué es una iglesia local. La iglesia local promedio es, en gran medida, una organización social donde se reúnen personas bien intencionadas y se conocen unas a otras. Se sienten atraídas por el café, el té, la amistad, los grupos de patinaje y cosas por el estilo. Tales cosas son inofensivas. Pero cuando sepamos qué es realmente la Iglesia, entenderemos que, aunque tales cosas están bien en los márgenes de la Iglesia, no son su propósito.

Reunirse, estrecharse la mano y tomar café son cosas totalmente legítimas si no las necesitamos; no son lo que nos cohesiona. Pero cuando esas actividades son lo que nos mantiene unidos, no tenemos una iglesia, sino algo distinto. Lamentablemente, más vale que lo admitamos: a menudo eso es todo lo que tiene una iglesia.

Primero debemos tener una filosofía de la Iglesia. ¿Qué es la Iglesia? Quiero usar tres ilustraciones para demostrar qué es la verdadera Iglesia de Jesucristo.

LA ESPOSA DE CRISTO

Primero, la Iglesia es la esposa de Cristo. Jesús fue un hombre completo. Tuvo la naturaleza de un varón, pero no se casó. Podría haberlo hecho, pero no lo hizo. Aunque era un hombre total y completo, nunca se casó con una mujer. Nunca se casó con la hija de ninguna mujer, para poder casarse con toda su Iglesia, la esposa.

Una Iglesia local auténtica es la esposa de Cristo a escala, en miniatura. En la iglesia local debería reproducirse todo lo que existe dentro de la Iglesia universal de Cristo. La Iglesia, parte de la cual está en el cielo y otra parte en la tierra, es la esposa de Cristo. Nuestro Señor Jesús lavó a su esposa, la regeneró y la preparó. Un día volverá a recogerla (a toda la Iglesia) en calidad de esposa.

No obstante, toda iglesia local es una recapitulación de la Iglesia entera, de la misma manera que unas elecciones locales forman parte de unas nacionales. Ambas manifiestan la misma libertad; se presentan los mismos candidatos. Hablan unos de otros, defienden su valía, reparten folletos y hacen a pequeña escala lo mismo que hacen al nivel federal. Puede que sea una ilustración pobre, pero la Iglesia total de Cristo se manifiesta en la local. Cualquier iglesia local es lo mismo que la Iglesia universal, pero en miniatura.

> Maridos, amad a vuestras mujeres, así como Cristo amó a la iglesia, y se entregó a sí mismo por ella, para santificarla, habiéndola purificado en el lavamiento del agua por la palabra, a fin de presentársela a sí mismo, una iglesia gloriosa, que no tuviese mancha ni arruga ni cosa semejante, sino que fuese santa y sin mancha. Así también los maridos deben amar a sus mujeres como a sus mismos cuerpos. El que ama a su mujer, a sí mismo se ama. Porque nadie aborreció jamás a su

> propia carne, sino que la sustenta y la cuida, como también Cristo a la iglesia (Efesios 5:25-29).

Esta imagen tomada de la relación entre maridos y esposas se aplica directamente, sin excusas, a Jesucristo y a su Iglesia. De la misma manera que un joven no se casaría con una esposa sucia, Jesucristo no se casará con una Iglesia que tenga manchas, arrugas o defectos. Desea tener una Iglesia gloriosa, y quiere amar a esa Iglesia como un hombre ama a su esposa.

Hubo un hombre llamado Adán que fue el primer soltero de la historia. Dios le dijo a Adán que convocara a los animales y les pusiera nombre. Según la Biblia, Adán bautizó a los animales conforme a la naturaleza de cada uno. Adán nombró al oso conforme a su naturaleza de oso, y al león conforme a la suya. Entonces la Biblia hace este conmovedor comentario: "mas para Adán no se halló ayuda idónea para él" (Génesis 2:20). Algunas personas creen que esto significa, sencillamente, que aún no existía la mujer. Pero lo que quiere decir es que Dios y Adán aún no habían encontrado una naturaleza como la del hombre. Adán aún no tenía a alguien que fuera satisfactorio para él. No había nadie adecuado, porque el resto eran las bestias del campo y las aves de los cielos; no tenían la misma naturaleza que Adán, que fue hecho a imagen de Dios.

Dios dijo a Adán que se acostara. Adán obedeció y cayó en un profundo sueño. Allí, sumido en un estado de anestesia profunda, Dios intervino al hombre y le extrajo una costilla del costado. Entonces Dios convirtió la costilla en una mujer, le dio vida y la llamó mujer, la que da vida, la que dará vida a toda la raza. Cuando Adán despertó, miró a su

La cabeza de una iglesia local no es el pastor, sino Jesucristo el Señor.

alrededor y vio a Eva. El aspecto de la mujer le agradó. Adán conoció a Eva, ella concibió un hijo, y así comenzó la raza.

Sin embargo, más tarde hubo otro Adán. 1 Corintios 15 nos cuenta que hubo un segundo Adán, el postrer Adán, Jesucristo el Señor. Tenía una naturaleza divina; era divino, Dios hecho carne. Jesús era un hombre perfecto y completo, pero no se casó con la hija de ninguna mujer. No se casó con la hija de ninguna mujer porque no había ninguna que fuera digna de Él.

De la misma manera que había hecho con Adán, Dios puso a Jesús en la cruz, sumiéndolo en un profundo sueño, y abrió su costado. De ese costado no salió una costilla, sino sangre y agua. Con esa agua y esa sangre Dios lava, limpia y prepara una esposa digna de Jesús.

Dios no creó a Eva de la nada, como había hecho con Adán, sino que la creó partiendo del costado herido de Adán. De la misma manera, el Señor no crea una raza que ahora no existe para que sea su Iglesia. Toma la raza que ya existe (determinados miembros de ella) y la lava con la sangre que manó del costado herido. Gracias al Espíritu Santo, otorga la naturaleza de Cristo a la esposa, para que esta sea digna de Él.

Entre las hijas de Eva no había ninguna que fuera apropiada y satisfactoria para Jesús. Por consiguiente, se prepara una esposa que tenga su misma naturaleza, igual que Eva tuvo la naturaleza del esposo de cuyo costado salió. En cierta ocasión, un teólogo comentó que Dios tomó el hueso del que formó a la mujer no de la cabeza de Adán, para que ella tuviera autoridad sobre él; ni de sus pies, para que él se enseñoreara de ella; sino de su corazón, para que ella le entendiera y para que él pudiera amarla. Eso es la Iglesia: la esposa de Cristo.

Si eres miembro de la verdadera Iglesia de Cristo, eres parte de la compañía que formará la auténtica esposa de Cristo. Como iglesia local, somos una miniatura de la esposa de Cristo.

EL CUERPO DE CRISTO

Una segunda descripción de la Iglesia es la del cuerpo de Cristo. Jesucristo es la cabeza, y como cabeza de su Iglesia la dirige. Mis manos se mueven porque mi cabeza se lo ordena. Mi cabeza dirige mi cuerpo. La cabeza de una iglesia local no es el pastor, sino Jesucristo el Señor. Él es la cabeza de la Iglesia universal de la que forma parte cada iglesia local. Una iglesia local no es todo el cuerpo de Cristo, sino el cuerpo de Cristo en miniatura.

En tercer lugar, a la Iglesia se la describe como un arca sobre las aguas del diluvio. Igual que el arca de Noé flotó sobre las aguas y contuvo en su interior a todos los seres que se salvarían, la Iglesia de Jesucristo es un arca sobre las aguas de otro diluvio, y contiene a todos los que serán salvos. ¡Recuerda esto! Todos los que están en el arca se salvan, y los que se quedan fuera perecen. A nuestro alrededor se extiende un mundo que perece, y nosotros flotamos en su superficie como un arca pequeña llamada Iglesia. Todos los que no estén en la Iglesia, en el arca, morirán.

Me dirás: "¡Espere un momento! ¿Quiere decir que si no nos hacemos miembros de la iglesia en Avenue Road, nos condenaremos?". No, lo que digo es que la Iglesia es el arca que contiene a los rescatados por precio, y que dentro del arca hay vida. Fuera de la Iglesia viviente de Cristo están los perdidos, y dentro están los salvos. No te salvas por formar parte de una iglesia, y este es un error que cometen las iglesias locales.

> **Es imposible recibir a Cristo y rechazar a su pueblo.**

Todos los animales entraron en el arca de Noé por una puerta. Cristo es la puerta de la Iglesia, y todo el que quiera ser salvo debe entrar por esa puerta. Imagina que alguien dijera: "¡A ver, a ver, un momento! No tenga la mente tan estrecha. Seamos tolerantes. Nosotros no queremos entrar en el arca de Noé; queremos un arca propia". Bueno, pues en aquel diluvio no había más arcas. Quien no entraba en el arca de Noé, moría. Unos pocos entraron en aquella arca, y Dios preservó la raza humana.

En la Iglesia de Cristo, Dios está salvando a unos cuantos del diluvio. Hay un error fatal, que es la vida independiente: decir que eres cristiano pero no te asocias con ninguna iglesia. Eres cristiano, pero no sientes la necesidad de formar parte de una iglesia. Es cierto que dentro de la Iglesia hay hipócritas; no los hay en la verdadera Iglesia, pero sí en la asamblea local. Incluso Jesús tuvo a su Judas. La asamblea local y la verdadera Iglesia de Cristo a veces no son sinónimas.

En ocasiones, a la iglesia local viene gente que nunca ha entrado en la Iglesia universal. Gente que nunca ha nacido en la verdadera Iglesia se convierten en miembros de una iglesia. En realidad, hay algunas iglesias que abren las puertas y dicen: "Ahora cantaremos un último himno para todos aquellos que quieran formar parte de esta iglesia. Que se acerquen aquí delante". Podría acudir Al Capone y pasar a ser miembro. Nadie formula preguntas, aceptan a todo el mundo. Yo no creo en esto, en absoluto, y sé que tú tampoco.

PRIMERO, FORMA PARTE DE LA IGLESIA UNIVERSAL

Creo que, si quieres formar parte de una iglesia local, primero debes entrar en la Iglesia universal, que Jesús compró con su propia sangre. Debes entrar en la Iglesia por medio del nuevo nacimiento, el Espíritu Santo y la regeneración. Luego deberías unirte a una asamblea local. Es imposible recibir a Cristo y rechazar a su pueblo. ¿Cómo encontrarás al Pastor? ¡Ve donde están las ovejas! Si no sabes dónde está el Pastor, ve donde se encuentren las ovejas. Si todo es como debe ser, allí es donde encontrarás al Pastor. Quien recibe a Cristo debe recibir también a su pueblo. Jesús dijo: "el que a vosotros recibe, a mí me recibe" (Mateo 10:40). Quien rechaza a la esposa rechaza al Esposo, y quien rechaza al rebaño rechaza al Pastor. Creo que está bastante claro.

Piensa en esta ilustración: dos parejas jóvenes se casan en junio. Los miembros de una de ellas son cristianos y tienen una visión seria de la vida. Su hogar está lleno de amor y esperan emocionados formar una familia. Los miembros de la otra pareja también están enamorados, pero al estilo de Hollywood, y esperan emocionados hacer submarinismo, practicar esquí acuático y pasárselo muy bien. No quieren tener hijos. Con el paso del tiempo, al cabo de dos o tres años, las dos mujeres han tenido un bebé: una de ellas quería tenerlo y la otra no.

Los padres cristianos miran a su pequeña bebé, y sus corazones se enternecen, y dicen: "¿Verdad que es totalmente maravillosa?". Esa primera pareja percibe una sensación de santidad, de modo que oran, hacen planes y dicen: "¿Verdad que Dios ha sido muy bueno por darnos a esta chiquitina?". La niña se convierte en un don espiritual para ellos. Saben que, cuando crezca, será como los demás niños, que tendrá rabietas, pero la consideran un regalo de Dios. Educar a esa pequeña niña se convierte en una especie de sacramento para ellos.

La otra pareja también ha tenido un bebé, y por supuesto que la aman, pero nunca la ven exactamente como la otra pareja. Nunca se les pasa por la cabeza orar, y en cuanto la niña es lo bastante mayor la encomiendan a una cuidadora y ellos van a la suya. La idea es que la primera pareja entendía la naturaleza sagrada de su bebé. La otra pareja no pensó en esa naturaleza sagrada; les interesaba más pasárselo bien. Aceptaron a la pequeña como un mal necesario que, con el paso del tiempo, llegaron a querer.

Esta ilustración nos ofrece también dos visiones de la Iglesia. Imagina que yo no sé qué es una iglesia, pero quiero asistir a una por motivos sociales, y me uno a ella porque me parece mejor ser miembro que no serlo. En este caso adopto la misma actitud hacia la Iglesia que la segunda pareja hacia su bebé. Esa experiencia no tiene el resplandor de la santidad. Pero si entiendo que existe una gran Iglesia que está siendo librada de la catástrofe venidera, del mismo modo que Noé y su familia fueron salvos de las aguas, y comprendo que la Iglesia se encuentra repartida en grupos pequeños por todo el mundo, empiezo a percibir la santidad de la iglesia local.

El corazón cree y la boca confiesa. Ambas cosas son necesarias para la salvación.

¡Qué actitud tan diferente adoptarás hacia la Iglesia! Dirás: "¡Es estupendo formar parte de ella!". La iglesia brillará ante tus ojos, y estará envuelta en una aureola de santidad. Si encuentras algún defecto en la iglesia, harás lo que hizo la joven pareja cristiana con su niña: corregirla.

Si quieres tener comunión con la Iglesia, si aún no formas parte oficial de ella, hay dos formas de hacerlo. Una es orar en público, ofrendar dinero, manifestar entusiasmo y rellenar una tarjeta. La otra es hacer primero lo que hay que hacer primero, que es unirse a la Iglesia universal, y luego también rellenar una tarjeta.

LA CONFESIÓN PÚBLICA

Un paso importante para unirse a la Iglesia es la confesión pública. ¿Por qué quiere el Señor que hagamos una confesión pública?

La Biblia dice:

> *Cerca de ti está la palabra, en tu boca y en tu corazón. Esta es la palabra de fe que predicamos: que si confesares con tu boca que Jesús es el Señor, y creyeres en tu corazón que Dios le levantó de los muertos, serás salvo. Porque con el corazón se cree para justicia, pero con la boca se confiesa para salvación* (Romanos 10:8-10).

El corazón cree y la boca confiesa. Ambas cosas son necesarias para la salvación. Incluso el ladrón en la cruz hizo esta confesión pobre y lastimera.

Este es el motivo de que Dios quiera que tengamos comunión unos con otros, nos reunamos y transmitamos el mensaje al mundo y los unos a los otros, porque con la boca se confiesa para salvación. Ruego por aquellos que nunca han experimentado la maravilla de la regeneración del nuevo nacimiento, pidiendo que se tomen esto en serio. Recuerda que al arca se entra por la puerta, y Jesucristo es la puerta. Si rechazas el arca, rechazas la puerta y, si rechazas la puerta, perecerás en el diluvio.

DEBES NACER EN LA FAMILIA

Para convertirte en miembro del cuerpo de Cristo y formar parte de su esposa debes nacer en la familia de Cristo. Esto se consigue creyendo en tu corazón que Jesús es el Señor y confesando tu fe con tu boca a otras personas. Esto es razonable, y no entiendo cómo alguien le puede encontrar alguna pega.

Supón que estuvieras en algún punto del mundo y alguien te preguntara cuál es tu nacionalidad. ¿Hay alguien que se avergonzara de decir de dónde procede? Entonces, ¿por qué tenemos que ir por la vida como cristianos en secreto, demasiado angustiados, demasiado asustados como para decir "Soy cristiano"? Si Jesucristo te ha honrado al encontrarte y a poner sobre ti sus manos, nunca debes avergonzarte de Él. Debes ser capaz de estar firme en cualquier lugar y decir: "No me importa quién lo sepa: soy cristiano". Y debes estar orgulloso de serlo.

Quiero que el mundo sepa que soy cristiano. Como he leído las vidas de los santos sé que me queda mucho camino que recorrer, ¡y quiero que tú también lo sepas! Tengo una lengua afilada y una manera de expresarme brusca, y a veces digo cosas que hieren los sentimientos. No quiero herir tus sentimientos. Perdona a este tipo que no da más de sí. Puede que no sea un buen cristiano, pero sigo siendo cristiano. Soy miembro del cuerpo de Cristo. Estoy en el arca junto a esos pocos bendecidos a los que Dios ha honrado con su gracia, y por ese motivo no estoy avergonzado ni quiero que tú lo estés.

¡Queremos una Iglesia separada del mundo, que ande con la cabeza alta y sepa arrodillarse! Por supuesto que podemos tener nuestros grupos de patinaje, nuestras reuniones y encuentros para tomar café. Tales cosas no tienen nada de malo, siempre que sepamos que no las necesitamos. Estas actividades son secundarias, cosas para poder relajarnos. Jesucristo es nuestro centro, de modo que la vía de acceso es la fe y la confesión.

6

UNA IGLESIA MODÉLICA

Los miembros de las iglesias imitan modelos, y los cristianos tienen el hábito de irse por la tangente, siguiendo estados de ánimo, modas y costumbres. Ojalá no pasara esto, pero a lo largo de los años hemos sido como un rebaño de ovejas: todo el mundo seguía a los demás. Tenemos modelos y los imitamos. Si la iglesia tiende a aceptar el modelo equivocado o inadecuado, su poder moral suele menguar. Por favor, que nadie me interrumpa diciendo: "¡Jesús es nuestro modelo!". Sé que Él es nuestro modelo... o debería serlo, pero la cruda realidad es que no lo es. Debería ser el modelo para las iglesias, pero, en una iglesia protestante típica, Jesucristo tiene tanta autoridad como yo en una iglesia católica romana.

Oí hablar de un científico, Jean Henri Fabre, que estudiaba una de las especies de oruga. Tomó un gran contenedor de base circular, un gran recipiente, y metió allí un montón de orugas llamadas "orugas militares", disponiéndolas por la periferia del contenedor, de forma que cada una tocara con la cabeza la parte posterior de la que tenía delante. Entonces las hizo ponerse en marcha. En realidad, no tuvo que hacer nada: se las llama orugas militares porque siempre están avanzando. Por lo que pudo ver Fabre, ninguna de las orugas sabía adónde iba: se limitaba a seguir la parte posterior de la que iba delante de ella, como la que venía detrás seguía la suya. Cada una seguía a la que caminaba delante, hasta que describieron todo el círculo y llegaron hasta la primera, que seguía a la que tenía delante. Fueron dando vueltas y más vueltas. En estado natural, las orugas militares caminan en línea recta, atravesando bosques, hierbas y arbustos. Pero como las habían engañado situándolas en una ruta circular, dieron vueltas y más vueltas hasta que, una tras otra, cayeron agotadas.

En Estados Unidos puedo llevarte a pequeñas y bonitas iglesias cuyas puertas están cerradas con tablones y clavos; las benditas orugas militares y religiosas que en otro tiempo caminaron en círculo fueron muriendo y las enterraron en el patio de atrás. Ahora allí no hay nadie: todos han muerto. Corrieron en círculo, se persiguieron unos a otros, tomando como modelo al que tenían delante. Ahora todo ha acabado, y allí no quedan más que lápidas, brezos verdes, murciélagos y recuerdos.

La iglesia de Tesalónica había tomado los modelos correctos; sus modelos eran Dios y el apóstol Pablo. Como habían adoptado los modelos idóneos, otras personas los tomaron como modelos. Pablo estaba contento y orgulloso de que otras personas (incluyendo a los macedonios y a los acadios) hablaran de los cristianos tesalonicenses. Les dijo: "en todo lugar vuestra fe en Dios se ha extendido, de modo que nosotros no tenemos necesidad de hablar nada; porque ellos mismos

Si la iglesia tiende a aceptar el modelo equivocado o inadecuado, su poder moral suele menguar.

cuentan de nosotros la manera en que nos recibisteis, y cómo os convertisteis de los ídolos a Dios, para servir al Dios vivo y verdadero" (1 Tesalonicenses 1:8-9).

La iglesia de Tesalónica era una iglesia modélica, y quiero que este sea el patrón de nuestra iglesia. Debemos ser una iglesia modélica, una iglesia que, cuando la gente oiga hablar de ella, diga que es una iglesia cristiana auténtica.

Si unas personas quieren seguir a otras, deberían seguir a las personas correctas en la dirección apropiada. Si los religiosos quieren hacer un desfile, debemos invitarlos a que lo hagan en la dirección idónea. En gran medida, a los evangélicos les han proporcionado modelos erróneos. Aunque es cierto que hablamos del Señor Jesús y defendemos la creencia que dice que Él es el Señor de la gloria, le dejamos que nos hable bastante poco. ¿Quién pretende obedecer el Sermón del Monte? Hay incluso algunos dispensacionalistas que han querido eliminarlo, de modo que desde el punto de vista teológico ya no es necesario creerlo: pertenece a otra dispensación. Y con esto dejamos a un lado todo ese asunto. ¿Quién pretende obedecer siquiera 1 Corintios que habla del matrimonio, los pleitos y la Cena del Señor?

LAS CARACTERÍSTICAS DE UNA IGLESIA MODÉLICA

La iglesia modélica tiene que manifestar determinadas características. Una importante es seguir el orden del Nuevo Testamento, dejando que sean las Escrituras las que decidan muchos asuntos.

Conocí a un hombre de la India que consiguió un Nuevo Testamento, se convirtió y comenzó a predicar, pero no tenía ningún tipo de trasfondo. Es decir, que partió de la nada. No tenía un trasfondo griego ortodoxo, católico romano o protestante. Simplemente, empezó de cero. No sabía nada de las iglesias. Testificó diciendo: "Lo que yo hacía cuando tenía un problema en la iglesia era acudir al Nuevo Testamento y solventarlo. Permitía que el Nuevo Testamento me dijera lo que tenía que hacer". El resultado es que Dios lo bendijo grandemente a él y a su obra, en el territorio de la India.

Esto es lo que me gustaría ver en nuestra iglesia: el orden del Nuevo Testamento, que permite que las Escrituras decidan muchas cuestiones. Cuando se nos plantea una pregunta, la pregunta que sea, ¿qué dice la Palabra de Dios? La Palabra debe someter a prueba todas las creencias y todas las prácticas; no hemos de copiar métodos eclesiales que no estén respaldados por las Escrituras.

DEBEMOS DEJAR QUE LA PALABRA DE DIOS DECIDA

También tenemos en nuestro cuerpo el poder del Espíritu de Cristo. Ya he dicho que la iglesia evangélica promedio podría seguir avanzando sin contar con el Espíritu Santo, y muchas lo hacen. Oramos pidiendo avivamiento. ¿Qué es el avivamiento? Es el momento en que el Espíritu Santo se encarga de hacer el trabajo que le corresponde, en lugar de ser desplazado a un lado, como parte de la bendición final. Ahora se convierte en el director ejecutivo de la iglesia, dirigiéndola. "Pero recibiréis poder, cuando haya venido sobre vosotros el Espíritu Santo" (Hechos 1:8). Esto quiere decir que el Espíritu de los cielos debe descender sobre un grupo humano de este mundo, acompañado de

La Palabra debe someter a prueba todas las creencias y todas las prácticas.

sus insuperables dones, poder y gracia, de su vida, su iluminación y su discernimiento. Esto no es fanatismo, ni se trata de una religión extraña. Es, simplemente, lo que enseña la Biblia.

Como iglesia, también debemos encarnar en grado sumo los propósitos por los que existimos. Existen tres propósitos para nuestra existencia: adorar, dar testimonio y trabajar. Cuando la gente se convierte, cambia de inmediato de ciudadanía. Ya no son ciudadanos del mundo, excepto de forma provisional. Ahora son ciudadanos del cielo.

Cuando Abraham se marchó de Ur de los caldeos, se le llamó hebreo, un hombre de la otra orilla del río, un extranjero. Hablaba con acento, tenía costumbres distintas: alimentarias, de vestir, de hablar y otros hábitos. Las trajo consigo de Ur de los caldeos. Era un hombre diferente, un extranjero y un desconocido en esa tierra.

CAMBIAMOS DE INMEDIATO DE CIUDADANÍA

Los cristianos, cuando son nacidos de Dios, cambian de inmediato su ciudadanía y se convierten en extranjeros y peregrinos, en lugar de ser ciudadanos como lo fueron antes. "Soy un extranjero/en tierra extraña./ Lejos está mi hogar/más allá de la playa dorada", solíamos cantar. Entonces, ¿por qué nos deja Dios aquí? ¿Por qué estamos en este mundo? Todos los nacidos de nuevo cuentan con una nueva naturaleza. Dios se convierte en nuestro Padre y Jesús, en nuestro Hermano; nos convertimos en morada del Espíritu y el cielo es nuestra patria. Entonces, ¿por qué nos deja Dios aquí en la tierra, entre extraños? Nos quedamos aquí para adorar, dar testimonio y trabajar. Estos son los motivos por los que nos quedamos en el mundo.

ESTAMOS AQUÍ PARA ADORAR

Nuestra adoración debe ser en el Espíritu. Jesús dijo: "Dios es Espíritu; y los que le adoran, en espíritu y en verdad es necesario que adoren" (Juan 4:24). Para adorar de tal manera que Dios acepte nuestra adoración debe darse un compromiso individual con Cristo y una purificación interior por medio de la sangre y del fuego. Debe producirse una separación del mundo, de sus opiniones, costumbres y valores. Pero ahora mismo estamos saliendo de un periodo en que la gente estaba tan ansiosa por convertir a otros que cayeron en la trampa de la que ya les había advertido Jesucristo. Él dijo: "porque recorréis mar y tierra para hacer un prosélito, y una vez hecho, le hacéis dos veces más hijo del infierno que vosotros" (Mateo 23:15).

Estamos saliendo de una época en la que el único versículo que usaba todo el mundo era Juan 3:16. El Señor ama a todo el mundo. Vengan, vengan, vengan, que todos se conviertan. Así que la gente vino, pero sus conversiones fueron a la inversa. En vez de tener personas que se convirtieron al reino de Dios, fue la Iglesia la que se convirtió a las costumbres y a los caminos del mundo. Ya no hubo separación del mundo; las opiniones y los hábitos del mundo entraron en la Iglesia.

Para adorar de tal manera que Dios acepte nuestra adoración debe darse un compromiso individual con Cristo y una purificación interior.

¿Quieres que Dios te bendiga? Dices: "Queremos que Dios nos bendiga. Creemos que el Señor viene". ¿Has leído la Biblia o visto la televisión esta semana? Piensa en el tiempo que has dedicado a estas cosas. ¿Cuántas medias horas has pasado con tu Biblia, y cuántas has dedicado al entretenimiento? No nos tomamos lo bastante en serio nuestra fe.

ESTAMOS AQUÍ PARA SER TESTIGOS

Estamos aquí para adorar; estamos aquí para librarnos de los hábitos y de los valores del mundo, y estamos aquí para ser testigos. ¿Qué es un testigo? Un testigo es alguien que da testimonio de una experiencia personal. ¿Has reflexionado alguna vez sobre la situación ajena a las Escrituras, desesperada, en la que nos encontramos las iglesias evangélicas? El predicador es el único que gana almas. Si no entra en acción para ganar almas, la iglesia entra en decadencia. El Señor nunca quiso que fuera así; pretendió que todo el mundo fuera un testigo.

¿De qué debemos ser testigos? Solo podemos dar testimonio de nuestras experiencias personales. Entra en un tribunal y di: "A ver, mi tía Mabel me ha dicho que...", y de inmediato te harán cerrar la boca. No tiene importancia qué te dijo la tía Mabel. ¿Qué sabes *tú*? ¿Qué viste, qué sentiste, qué escuchaste, qué gustaste? ¿Qué cayó dentro de los límites de tu experiencia personal? El Señor dice: "Me seréis testigos" (Hechos 1:8). Sal y cuéntalo a todo el mundo.

No obstante, imagina que alguien dice: "¿Cómo lo sabes?". Entonces podemos sonreír y contestar: "Porque estuve allí; por eso lo sé". Me convertí, y sé que me convertí. Estaba presente, de modo que lo sé. Nadie me puede convencer de lo contrario.

Un testigo es alguien que ha estado ahí y que lo conoce todo por experiencia.

Cuando era joven, solía leer libros que hablaban del ateísmo. Intenté familiarizarme en lo posible con todo lo que estaba en contra del cristianismo. Compré y leí deliberadamente libros destinados a demostrar que el cristianismo no era cierto, que la Biblia era un fraude, que Jesucristo era un mito y que todo ese asunto era un autoengaño subjetivo. Cuando hube leído aquellos libros, no pude responderles. No sabía cómo responderles, pero sí sabía una cosa: "¡Un momento!", hubiera querido decir a los autores. "Resulta que yo lo sé, porque estuve allí. Ustedes intentan convencerme a base de razonamientos, pero yo les puedo decir lo que sé por experiencia". Más de una vez me arrodillé con lágrimas en los ojos y adoré a Jesucristo, el Hijo de Dios. No conocía la respuesta a aquellos argumentos, pero conocía a Aquel contra quien los lanzaban. Un testigo es alguien que ha estado ahí y que lo conoce todo por experiencia.

ESTAMOS AQUÍ PARA TRABAJAR

El tercer motivo de que estemos en el mundo es para hacer buenas obras. En las iglesias a esto lo llaman "benevolencia". Un hombre llega a bordo de su coche caro, su mujer desciende del vehículo vestida con un abrigo de piel auténtica, él aparca y luego se acerca tranquilamente vestido con un estupendo traje de lana. Los miembros de la iglesia pasan la bandeja de la caridad y él deposita la cantidad ínfima de diez centavos. Debemos buenas obras al mundo. Dios ungió a Jesucristo con el Espíritu Santo y con poder, y Jesús fue por el mundo haciendo el bien y sanando a todos los oprimidos por el diablo. Jesús hizo buenas obras y dijo: "Como me envió el Padre, así también yo os envío" (Juan 20:21). Tú y yo estamos en la tierra no para dejar diez centavos miserables a modo de disculpa, sino para compartir nuestra fe por todo el mundo.

Ruego al Dios todopoderoso que no viva mi vida de tal manera que, cuando me vaya, no haya nadie que lo sienta. Es totalmente posible. Hacer buenas obras no es solo cuestión de benevolencia; consiste en hacer buenas obras por amor a Jesucristo. Por eso estás aquí. Si no, estarías en el cielo, afinando tu arpa. Pero en lugar de ello estás aquí abajo, haciendo buenas obras.

¿Cómo hago buenas obras? Mediante la oración y mi dinero. Hay un hermoso pasaje donde Jesús cuenta una parábola y luego la explica. Dice: "Ganad amigos por medio de las riquezas injustas, para que cuando éstas falten, os reciban en las moradas eternas" (Lucas 16:9). El avaro más tacaño que haya existido en el mundo solo necesita dos peniques cuando muere: uno para cada ojo.[4] En otras palabras, mediante el uso justo y generoso de mi dinero puedo bendecir a personas a las que nunca he visto. Cuando llegue el fin y mi dinero ya no me sirva de nada, habrá personas allí a las que Dios diga: "Este es el hombre que te mantuvo durante dos años cuando fuiste un niño abandonado. Su dinero te ayudó". Nunca supieron quién había sido. Las buenas obras son hermosas, y las iglesias deberían realizarlas.

¿Es fanatismo decir que una iglesia debe adorar, dar testimonio y trabajar? No lo creo. Si hacemos correctamente estas tres cosas, tendremos muy poco tiempo que dedicar a nada más.

Supongamos que alguien pregunta: "¿Qué hace usted?". Hay todo tipo de cosas que se pueden hacer. Puedes orar y estar atento a las ocasiones providenciales que te ofrezca Dios. Puedes hacer buenas obras y seguir a Jesús, que fue ungido con el Espíritu Santo para hacerlas.

---

4. El autor se refiere a la tradición de colocar una moneda sobre cada ojo del difunto como pago para Caronte, el barquero mitológico que, según los griegos, conducía las almas al otro lado del río Aqueronte, al reino de Hades o de los muertos (N. del T.).

DEBE PRODUCIRSE UN CAMBIO EN LA FORMA DE VIVIR

Esto es lo que me entristece, y creo que también entristece al Espíritu Santo: mis oyentes aceptan este reto emocionalmente, pero no lo corroboran mediante un cambio en su forma de vivir. Su bondad es como la bruma matutina: a las nueve de la mañana el sol ha disipado por completo la niebla. Esto es lo que pasa con las buenas intenciones de muchas personas: responden emocionalmente al llamado urgente de que nos convirtamos en una iglesia como las del Nuevo Testamento, que seamos una iglesia modélica, que sigamos la pauta del Nuevo Testamento y el poder del Espíritu Santo para poder adorar, obrar y dar testimonio. Lo aceptan todo emocionalmente, pero no confirman sus emociones mediante la introducción de cambios en su forma de vivir.

Quieren que Dios les bendiga, pero que lo haga en los términos que ellos deciden. Buscan reflexivamente a Dios esperando que les dé la victoria, pero sus ofrendas no se corresponden con sus deseos de obtenerla. No practican la oración familiar; corren de aquí para allá sin dedicarse a esta. No buscan tiempo para la oración privada, y no perdonan a quienes les han ofendido. No procuran reconciliarse con aquellos con quienes han discutido. No toman sobre sus hombros sus cruces diciendo: "Jesús, mi cruz tomé, para dejarlo todo y a ti seguir".

Las iglesias modernas han convertido la diversión en el símbolo de su religión.

¿Qué puede llevarnos a conseguir una iglesia modélica? ¿Crees que realmente una iglesia puede alcanzar este objetivo?

¿Hay demasiados impedimentos? ¿Hay demasiadas direcciones

erróneas o cosas que andan mal en nuestra vida? ¿Somos como un anciano a quien no le funciona bien ninguno de los órganos del cuerpo? El médico examina a ese paciente y le dice: "No puedo hacer nada por usted. Vaya a casa y espere". ¿Somos así? ¿O aún queda esperanza?

Creo que hay esperanza. Nos costará un poco; de hecho, nos costará bastante. "Si alguno quiere venir en pos de mí, niéguese a sí mismo, y tome su cruz, y sígame" (Mateo 16:24). Cargar con una cruz nunca es divertido. ¿No es extraño que Jesús convirtiera en un símbolo de su religión una cruz sangrienta y torturadora?

Las iglesias modernas han convertido la diversión en el símbolo de su religión. Deseo lamentarlo, hundir la cabeza entre las manos y sollozar delante de Dios cuando escucho, como me pasa a menudo, a preciosos jóvenes por quienes yo daría hasta mi sangre, que se levantan y con una voz tímida y apagada dicen: "¡Oh, me alegra tanto haber descubierto que para pasarlo bien no hay que ser un pecador! En la iglesia también lo pasamos bien. Es posible seguir a Jesús y divertirse". Luego se sientan. ¡Cómo los han traicionado! El símbolo de la vida cristiana es la cruz. Pero no queremos tomar nuestra cruz; no perdonamos a nuestros enemigos; no nos reconciliamos.

UN MONTÓN DE HOJAS CARNALES, SECAS

La iglesia promedio no hace más que amontonar hojas secas carnales, hojas sin vida. La administramos, la respaldamos y la mantenemos. Aun así, no tenemos nada más que hojas carnales que arderán en el infierno en los días que tenemos por delante, cuando vuelva nuestro Señor.

Creo que hay esperanza, y creo que hay mucha. Necesitaremos una buena dosis de resistencia y de determinación, una gran cantidad de oración y de capacidad para llevar nuestra cruz. Pero tendremos a Dios de nuestra parte, y prefiero tener a Dios de mi parte que contar con todos los ejércitos del mundo. Él confirmará la palabra de su siervo; él cumplirá el consejo de su mensajero. "Delante de ellos cambiaré las tinieblas en luz, y lo escabroso en llanura. Estas cosas les haré, y no los desampararé" (Isaías 42:16).

Si confiamos en Él y nos atrevemos a creer, Él dará su fruto. ¿Posees el valor cristiano para cambiar tu hogar de modo que encaje con la voluntad de Dios? ¿Tienes el valor cristiano necesario para adaptar tu negocio a la voluntad divina? ¿Cuentas con el valor cristiano suficiente para someter tu vida privada a la voluntad de Dios, para eliminar todo aquello que no es de Él? Para hacer algo en este día terrible en que vivimos aún tenemos que descubrir cuán desesperadamente necesitamos a Dios; es una época de mundanalidad, de carnalidad, de competición y de vanagloria. ¡Cuánto necesitamos a Dios Padre, cuánto necesitamos al Hijo Jesucristo, cuánto necesitamos al Espíritu Santo! Necesitamos una vida limpia, santificación y pureza de corazón. Entonces vendrá sobre nosotros el Espíritu del Dios viviente.

El símbolo de la vida cristiana es la cruz. Pero no queremos tomar nuestra cruz.

Algunos dicen: "Pues me está usted predicando un mensaje muy pesimista". Cuando los moravos pasaron por esto, fueron ungidos por Dios. Los historiadores nos dicen que esos cristianos salieron de la iglesia sin saber si aún estaban en el mundo o habían muerto y ya estaban en el cielo. El gozo del Señor era radiantemente hermoso entre ellos, y se convirtieron en personas felices.

El doctor Johnson dijo: "John Wesley fue el mayor ejemplo de pura felicidad moral que yo haya conocido". No te estoy predicando una religión pesimista. Lo único que digo es que tienes que fijar un nuevo rumbo. Debemos buscar al Señor; una sola mirada a su rostro apartará todos nuestros deseos carnales de cualquier cosa que no sea Él.

Entonces acudirán a nosotros los que tienen el corazón hambriento, sediento, desilusionado, decepcionado, los enfermos. Vendrán porque querrán venir, y sabrán por qué lo hacen. No vendrán porque alguien les haya invitado, sino por Cristo Jesús. La iglesia empezará a crecer; aumentará su poder, su gracia, su asistencia, su utilidad, su prestigio y su influencia. Todo el mundo sabrá que es una iglesia que el Señor ha bendecido.

Tal como figura en Isaías 60, lo que Dios dijo en realidad sobre Jerusalén fue: "Voy a bendecirles. Voy a coronarles y a enviar mis bendiciones sobre ustedes, como lo hacen las palomas en sus nidos. Todo el mundo que pase por allí señalará diciendo 'Esta es la ciudad a la que ha bendecido el Señor'". Esto es lo que quiero ver en nuestra iglesia. Debemos convertirnos en el tipo de iglesia que el Señor ha bendecido. Esta es la reforma necesaria dentro del protestantismo.

Dios tiene una simiente de supervivencia. Tiene a un pueblo dispuesto a decir: "Dios, queremos un orden bíblico y queremos tener el poder del Espíritu Santo. Queremos cumplir tu voluntad en la adoración, el testimonio y el trabajo. Estamos dispuestos a respaldar tus deseos llevando nuestra cruz y ajustando nuestras vidas a tu voluntad".

7

¿INTEGRACIÓN O RECHAZO?

Parece que el mundo, incluso el mundo que cuenta con estudios, tiene el don de cometer errores. Podríamos dejar correr este asunto e irnos de pesca si no fuera porque da la casualidad de que los cristianos viven en este mundo y tenemos la obligación de hacer lo correcto, en todas las cosas y en todo momento. No podemos permitirnos cometer un error.

Sé que un hombre justo puede vivir en un mundo injusto y no verse muy afectado por este, excepto por el hecho de que ese mundo no le deja en paz: quiere educarle. Siempre le bombardea con alguna idea nueva que, dicho sea de paso, suele ser una idea vieja a la que le han quitado el polvo y la han abrillantado para la ocasión; esta idea exige que todo el mundo, incluso el mencionado hombre justo, se adapte a ella, porque, si no lo hace, sentirá una frustración arraigada en lo más hondo de su ser o un espantoso complejo, del tipo que sea.

Como la sociedad es fluida, normalmente se mueve como el viento, avanzando en una dirección hasta que la novedad se desgasta o llega una guerra o una crisis económica. Entonces la brisa sopla hacia otro lado, y se supone que todo el mundo debe seguirla sin formular muchas preguntas, aunque sin duda este cambio constante de dirección llevará a los reflexivos a preguntarse si, después de todo, alguien sabe de verdad cuál es el motivo de tanto entusiasmo.

El patrón de la vida cristiana es Cristo, no la sociedad.

Actualmente los vientos suaves y apacibles soplan en la dirección de la integración social, que a veces también se llama adaptación social. Según este concepto, la sociedad posee una norma, una especie de modelo de "lo mejor posible" al que debemos adaptarnos todos si queremos evitar diversos trastornos psicosomáticos y problemas emocionales. El único recurso seguro para cualquiera de nosotros es que se adapte hasta tal punto a los otros miembros de la sociedad que reduzca al mínimo la fricción nerviosa y mental. Por consiguiente, la primera misión de la educación consiste en enseñar a la sociedad a adaptarse. Se acepta como normal cualquier cosa en la que la gente esté interesada en este momento, y todo inconformismo por parte de alguien es malo para el individuo y perjudicial para todos. La máxima ambición es integrarse en la masa, perder la individualidad moral.

Por absurdo que esto parezca, cuando se expresa de una forma tan clara, es una descripción justa de la marca de filosofía más popular que hoy día está llamando la atención de la sociedad. Los medios de comunicación de masas son tan variados y eficaces que cuando las altas esferas del mundo educativo deciden que ha llegado el momento de que cambie el viento, los ciudadanos de a pie enseguida captan la tendencia y, obedientes, se ponen a favor de la brisa nueva. Todo el que se resista es un aguafiestas y un negativo, por no decir ya que está anticuado y aferrado a sus propias ideas.

Bueno, pues, si para evitar la acusación de ser dogmático debo aceptar los dogmas cambiantes de las masas, entonces estoy dispuesto a tener fama de ser dogmático con todas las consecuencias que eso conlleve. Se supone que nosotros, que nos llamamos cristianos, debemos ser un pueblo aparte. Afirmamos haber rechazado la sabiduría de este mundo y adoptado la de la cruz como guía para nuestras vidas. Nos hemos puesto de parte de Aquel que, mientras vivió en esta tierra, fue el más inadaptado de los hijos de los hombres. No quería integrarse en la sociedad. Se situó por encima de ella y la condenó al repudiarla, aunque sin embargo murió por ella. Estaba dispuesto a morir por ella, pero no a ceder ante ella.

La sabiduría de la cruz supone el rechazo de la "norma" de este mundo. El patrón de la vida cristiana es Cristo, no la sociedad. El creyente busca adaptación pero no al mundo, sino a la voluntad de Dios, y solo hasta el punto en que se integre en el corazón de Cristo se habrá desajustado de la sociedad humana caída. El cristiano ve el mundo como un barco que se hunde, del que escapa no mediante la integración sino por medio de la huida.

Cuando en la Iglesia dejemos de predicar la adaptación social y empecemos a predicar el rechazo y el deber de llevar la cruz, nos inundará un nuevo poder moral. Los cristianos modernos tienen la esperanza de salvar el mundo siendo como este, pero esto nunca funcionará. El poder que tiene la Iglesia sobre el mundo nace de su desemejanza con el mundo, nunca de su integración en este.

8

¡CLARO! PAGA TUS IMPUESTOS

Una lectora de *The Alliance Weekly* escribe para preguntar sobre los impuestos. Su pregunta va directa al meollo del asunto: "¿Tenemos que pagarlos o no?".

Nunca se me había ocurrido que alguien pudiera tener alguna duda sobre la obligación que tiene el cristiano respecto a sus impuestos, pero si para una persona supone un problema, es posible que haya otras a quienes les pase igual, de modo que quiero exponer algunas ideas, como dirían los políticos, "en esa línea".

En cierta ocasión, unos espías que se hacían pasar por hombres piadosos acudieron a Jesús con esta pregunta: "¿Es lícito dar tributo a César, o no?" (Mateo 22:17). Obviamente, esos espías recurrieron a una pregunta legítima para hacer caer a nuestro Señor en una trampa. El problema que llevaron ante el Salvador molestaba a muchas buenas personas y, si hubieran formulado la pregunta con sinceridad, hubiera sido tan correcta como oportuna. Nuestro Señor, gracias a su increíble agudeza, respondió a la pregunta para todos los hombres de buena voluntad, y lo hizo sin caer en la trampa que tan cuidadosamente habían preparado.

Su respuesta es muy famosa: "Dad, pues, a César lo que es de César, y a Dios lo que es de Dios" (Mateo 22:21). Ni las autoridades romanas ni las judías podían objetar a esta respuesta, dado que nadie se atrevería a admitir que quería algo que no era suyo.

Independientemente de cómo esté el mundo, entrega a las autoridades gubernamentales lo que les pertenece por derecho. Y dado que estas deciden qué es legalmente suyo, el deber de los cristianos es pagar, reteniendo solamente aquello sobre lo que los poderes terrenales no tienen derecho, es decir, la adoración, el amor supremo y las exigencias morales y espirituales que formula el Dios altísimo. Estas son cosas que pertenecen solo a Dios, y cuando los gobiernos de este mundo intenten apropiárselas, todo cristiano tendrá, ahora y siempre, la obligación sagrada de resistirse hasta la muerte.

Dado que, por lo general, no es de sabios apoyar todo un dogma sobre un solo pasaje de las Escrituras, veamos las palabras que dirige Pablo a los cristianos en Roma:

> Sométase toda persona a las autoridades superiores; porque no hay autoridad sino de parte de Dios, y las que hay, por Dios han sido establecidas. De modo que quien se opone a la autoridad, a lo establecido por Dios resiste; y los que resisten, acarrean condenación para sí mismos… Por lo cual es necesario estarle sujetos, no solamente por razón del castigo, sino también por causa de la conciencia. Pues por esto pagáis también los tributos, porque son servidores de Dios que atienden continuamente a esto mismo. Pagad a todos lo que debéis: al que tributo, tributo; al que impuesto, impuesto; al que respeto, respeto; al que honra, honra (Romanos 13:1-2, 5-7).

Cuando recordamos que ese "tributo" son los *impuestos* y vemos que muchas traducciones usan esta palabra, la pregunta de si un cristiano debe o no pagar sus impuestos ya no plantea ninguna duda. La respuesta de Cristo y de Pablo es que sí.

Aunque los gobiernos humanos ("las autoridades superiores") son ordenados por Dios, esto no quiere decir que los gobernantes u oficiales de un país determinado siempre hagan lo correcto. Pueden equivocarse y se equivocan en sus juicios, y a menudo imponen ordenanzas que no son prudentes y aplican unos impuestos irrazonablemente elevados.

Entrega a las autoridades gubernamentales lo que les pertenece por derecho.

Según lo veo yo, nuestro impuesto federal sobre la renta acabará perjudicando a largo plazo los intereses de nuestro país. Es muy posible que un país se borre del mapa a base de impuestos. Los impuestos son absolutamente necesarios, dado que son la única fuente de ingresos para el mantenimiento del gobierno. Sin embargo, cuando las cosas se descontrolan hasta el punto de que es legalmente posible que el recaudador de impuestos (que actualmente se le llame "director" no hace que la gente le odie menos) arrebate a un ciudadano hasta un 90% de sus ingresos, sin duda que la historia está agitando una bandera roja ante nuestros ojos. A menos que reduzcamos el ritmo, podemos hundirnos económicamente y seguir el mismo camino que aquellas naciones e imperios del pasado que solo han dejado sus ruinas desmoronadas para dar testimonio de su gloria perdida.

Entonces, ¿qué haremos? Como cristianos, pagar nuestros impuestos exactamente como nos lo ordena Dios en su Palabra. Como ciudadanos de un país democrático, hagamos lo que, según nuestra conciencia, mejore la calidad de nuestro liderazgo y posponga todo lo posible la catástrofe inevitable. Y, por encima de todas las cosas, "que se hagan rogativas, oraciones, peticiones y acciones de gracias, por todos los hombres; por los reyes y por todos los que están en eminencia, para que vivamos quieta y reposadamente en toda piedad y honestidad" (1 Timoteo 2:1-2).

9

EVALUANDO LA ESPIRITUALIDAD SEGÚN LAS ORACIONES PÚBLICAS

La profundidad de la espiritualidad de una persona se puede conocer con bastante precisión según la calidad de sus oraciones públicas.

Las oraciones bíblicas siguen siendo los ejemplos más perfectos de lo que debería ser una oración que complazca lo máximo posible a nuestro Padre celestial. ¡Qué osadas son, pero al mismo tiempo qué respetuosas! ¡Qué íntimas, pero cuán profundamente reverentes!

Quienes han escuchado las oraciones de Lutero nos han contado el tremendo efecto que tenían a menudo sobre los oyentes. Comenzaba con una humildad conmovedora, con un espíritu postrado en total negación de sí mismo, y en ocasiones alcanzaba una osadía en sus peticiones que dejaba asombrados a sus oyentes.

Hoy día, entre nosotros existe una especie de falso misticismo que finge una tierna intimidad con Dios pero que carece de ese temor reverente y sin aliento que debe sentir siempre el verdadero adorador en presencia del Dios santo. Este espíritu tontorrón se expresa a veces mediante un parloteo religioso infantil que es indigno de quienes se dirigen al Altísimo.

Escuchar a un presunto cristiano murmurar usando un tono que indica una familiaridad descortés, y que dirige palabras de dulzura azucarada a alguien a quien llama "Amado Jesús", es una experiencia ofensiva para cualquiera que haya visto, aunque sea una vez, el cielo abierto y se haya quedado sin palabras ante la Santa Presencia. Nadie que se haya postrado jamás frente a la zarza ardiente puede hablar de Dios a la ligera, y mucho menos hablarle con esa ligereza.

Las oraciones bíblicas siguen siendo los ejemplos más perfectos de lo que debería ser una oración.

Cuando Horace Bushnell oraba en el campo bajo el cielo estrellado, su amigo, que estaba arrodillado a su lado, se rodeó el cuerpo con los brazos. Como dijo él: "Tenía miedo de extender los brazos: no fuera que tocara a Dios".

Aunque las oraciones no van destinadas a quienes las escuchan, a pesar de todo sí que deben ser oídas por ellos, y hay que pronunciarlas teniendo en mente este conocimiento. Pablo lo deja perfectamente claro en su primera epístola a los Corintios. Finney también tuvo que decir mucho al respecto, como lo hicieron otras figuras religiosas importantes.

En estos tiempos de superficialidad dentro de la religión haríamos bien en replantearnos el tema de la oración pública. Aunque la sometamos a una reflexión en oración y a una crítica reverente, no perderá nada de su contenido espiritual.

10

SE BUSCA: VALOR CON MODERACIÓN

El pecado se ha empleado a fondo para arruinarnos por completo, y el proceso de restauración es largo y lento. Es posible que las obras de la gracia en la vida individual nunca sean tan claras y definidas, pero sin duda es Dios quien debe devolver al corazón antes caído la similitud que tenía con Él. El lugar donde se ve esto con mayor claridad es en la gran dificultad que experimentamos para alcanzar la simetría espiritual en nuestra vida. La incapacidad de incluso las almas más devotas para poner en práctica las virtudes cristianas en una forma equilibrada y sin mezclar las cualidades que no son de Cristo ha sido una fuente de sufrimientos para muchísimos miembros del pueblo de Dios.

Las virtudes que tenemos ante nosotros, el valor y la moderación, cuando se manifiestan en la proporción correcta, proporcionan una vida equilibrada que tiene una tremenda utilidad para el reino de Dios. Cuando falta una de las dos o solo está presente en poca cantidad, el resultado es una vida desequilibrada y un desperdicio del poder.

Prácticamente todos los libros sinceros, cuando los examinamos a fondo, demuestran ser autobiográficos. Lo que mejor sabemos es aquello que hemos experimentado en persona. Este capítulo no es una excepción. Puedo admitir sin fingimientos que es autobiográfico, porque el lector avispado descubrirá la verdad por mucho que me esfuerce en ocultarla.

En pocas palabras, raras veces me han acusado de cobardía, ni siquiera mis enemigos más cordiales, pero en ocasiones mi falta de moderación ha apenado a algunos de mis amigos. No es fácil controlar esta disposición extrema, y no es sencillo resistirse a la tentación de aplicar a la causa del Señor métodos severos, excesivos. Esta tentación se ve reforzada también por el conocimiento de que es prácticamente imposible atrapar a un predicador en una falta y hacer que se coma sus palabras. Al hombre de Dios se le concede una inmunidad ministerial, que puede inducir a un Boanerges a utilizar un lenguaje extravagante e irresponsable, a menos que recurra a medidas heroicas para someter su naturaleza al influjo del Espíritu del amor. Esto es algo que a veces no he conseguido hacer, y siempre me ha entristecido esa incapacidad.

El valor y la moderación, cuando se manifiestan en la proporción correcta, proporcionan una vida equilibrada.

Aquí se aprecia de nuevo el contraste entre los caminos de Dios y los de los hombres. Aparte de la sabiduría que nos proporciona la experiencia dolorosa, tendemos a intentar alcanzar nuestras metas mediante un ataque directo, avanzar temerarios por el campo de batalla y vencer mediante un ataque implacable. Eso es lo que hacía Sansón, y le salió bien exceptuando por un pequeño detalle: ¡el vencedor murió junto con los vencidos! El ataque lateral tiene sus méritos, pero es una sabiduría que el espíritu temerario seguramente no tendrá en cuenta.

De Cristo se dijo lo siguiente: "No gritará, ni alzará su voz, ni la hará oír en las calles. No quebrará la caña cascada, ni apagará el pábilo que humeare; por medio de la verdad traerá justicia" (Isaías 42:2-3). Cumplió sus tremendos propósitos sin agotarse indebidamente y sin recurrir a la violencia. Toda su vida se caracterizó por la moderación; sin embargo fue, entre todos los hombres, el más valiente. Fue capaz de contestar de este modo a Herodes, que le había amenazado: "Id, y decid a aquella zorra: He aquí, echo fuera demonios y hago curaciones hoy y mañana, y al tercer día termino mi obra" (Lucas 13:32). Aquí detectamos un valor extremo, pero no un desafío, ni pizca de desprecio, ninguna extravagancia de palabra o de hecho. Jesús era valiente pero con moderación.

La incapacidad de alcanzar el equilibrio entre estas virtudes ha causado grandes perjuicios en la Iglesia a través de los siglos, y el daño es todavía peor cuando están involucrados los líderes de las iglesias. La falta de valor es un error grave, y puede ser un auténtico pecado cuando nos hace ceder terreno en la doctrina o en la práctica. Retroceder por amor a la paz y permitir que el enemigo se lleve del templo los utensilios sagrados nunca forma parte de un verdadero hombre de Dios. No cabe duda de que la moderación que llega al extremo de someterse en el terreno de las cosas sagradas no es una virtud; sin embargo, el espíritu guerrero tampoco ha vencido nunca cuando la batalla era celestial. La furia del ser humano jamás ha engrandecido la gloria de Dios. Hay una forma correcta de hacer las cosas, y nunca es la violencia. Los griegos tenían un dicho muy conocido: "Lo mejor es la moderación en todo", y el dicho casero del granjero estadounidense "Lo fácil es más eficaz" contiene todo un tesoro de filosofía profunda.

Dios ha usado a las personas (y no cabe duda de que las seguirá usando) a pesar de la incapacidad de estas de mantener el equilibrio correcto entre estas cualidades. Elías era un hombre valiente, nadie puede dudar de eso, pero nadie sería tan osado como para decir que era un hombre paciente o moderado. Para él, la mejor defensa era el ataque, el reto, y no le preocupaba recurrir a la sátira o a los ataques verbales cuando pensaba que podrían serle útiles; pero cuando el enemigo se sumía en la confusión, Elías daba un giro de ciento ochenta grados y caía en lo más profundo del desespero. Así es como funciona una naturaleza extrema, la del hombre que tiene valor pero no moderación.

La falta de valor es un error grave, y puede ser un auténtico pecado cuando nos hace ceder terreno en la doctrina o en la práctica.

Por otro lado, Elí era un hombre moderado. No era capaz de decir que "no" ni siquiera a los miembros de su familia. Le gustaba la paz débil, y el precio que pagó por su cobardía fue una tragedia aplastante. Estos dos hombres eran buenas personas, pero no lograron encontrar el punto medio adecuado. De los dos, está claro que Elías fue el más importante. Me duele pensar en qué habría hecho Elí de haber estado en las circunstancias de Elías. ¡Y compadecería a Ofni y a Finees si hubieran tenido a Elías por padre!

Esto nos lleva a pensar, lógicamente, en el apóstol Pablo. Aquí tenemos a un hombre al que nunca tenemos que tratar entre algodones. Parece ser que tuvo un valor a toda prueba combinado con una disposición paciente y una benevolencia realmente parecidas a las de Jesús. En la breve descripción que se nos da de él, antes de que se convirtiera, vemos lo que podría haber sido Pablo de no haberse sometido a la gracia. Después de contribuir a que apedrearan a Esteban hasta la muerte, se fue a la caza de cristianos, "respirando aún amenazas y muerte" (Hechos 9:1). Incluso después de su conversión fue capaz de emitir juicios sumarios cuando tenía una opinión firme sobre un tema. Su rechazo radical de Juan Marcos después de que este se apartara de la obra fue un ejemplo de su severidad al tratar con los hombres en quienes había perdido su confianza. Pero parece ser que el tiempo, los sufrimientos y una intimidad cada vez mayor con el Salvador paciente curaron esta lacra en ese hombre de Dios. Sus últimos días se endulzaron con amor y se perfumaron de misericordia y de caridad. Esto es lo que debe pasar con todos nosotros.

Resulta significativo que la Biblia no contenga ningún caso en que un cobarde haya sido curado de su problema. Ningún "alma tímida" se convirtió jamás en un hombre valiente. A veces se cita a Pedro como excepción, pero en su historial no encontramos nada que le señale como un hombre tímido, ni antes ni después de Pentecostés. Es cierto que en una o dos ocasiones rozó la frontera de la cobardía, pero durante la mayor parte de su vida fue un hombre tan valiente que su propia osadía le acarreó un problema tras otro.

¡Con cuánta urgencia necesita hoy la Iglesia a hombres de valor! Lo sabemos tanto que no hace falta repetirlo más. El miedo se cierne sobre la Iglesia como una maldición antigua. Miedo de perder la vida, el empleo, miedo de ser menos populares, miedo a los demás: estos son los espectros que acosan hoy a los hombres que ocupan cargos relevantes en el liderazgo de la Iglesia. Sin embargo, muchos de ellos se labran la fama de ser valientes a base de repetir con una temeridad cómica una serie de cosas seguras y previsibles. No obstante, la cura no es un valor cohibido. Cultivar el hábito de "llamar a las cosas por su nombre" puede conseguir solamente que seamos molestos para otros, y que hagamos mucho daño por el camino. Según parece, el ideal es el de un valor apacible que no sea consciente de su propia presencia; saca sus fuerzas del Espíritu que vive en su ser, y apenas es consciente de *sí mismo*. Este valor también será paciente, estará bien equilibrado y no caerá en extremismos. ¡Ruego a Dios que envíe sobre nosotros un bautismo de un valor así!

11

EL USO HONESTO DE TÉRMINOS RELIGIOSOS

Hoy día vivimos un fenómeno alarmante, que es el uso nuevo y tendencioso de términos familiares para todos.

Por ejemplo, "la república del pueblo" no es una república ni pertenece al pueblo. Hoy día, en la mayoría de países, la palabra "libertad" se refiere a algo tan restringido que hace una o dos generaciones habrían elegido un término totalmente distinto para definir ese concepto.

Otras palabras que han cambiado su significado sin admitirlo son "guerra", "paz", "subvención" (que describe esa escueta limosna que el gobierno nos devuelve después de todo el dinero que nos ha quitado), "derecha", "izquierda", "igualdad", "seguridad", "liberal" y muchas otras. Estos términos se han visto privados de su significado, y luego han recibido uno nuevo. Ahora es posible que los leamos, o que oigamos que alguien los usa y, a menos que seamos muy agudos, recibiremos una impresión muy equivocada de estos términos.

Este fenómeno también ha invadido el terreno de la religión.

Dentro de una sociedad predominantemente cristiana como la que encontramos en Occidente, las palabras de las Escrituras y de la teología cristiana han adquirido, de una forma bastante natural, un significado fijo, y hasta hace poco tiempo siempre significaban lo mismo cuando las utilizaban personas bien formadas y responsables. Con la llegada de las diversas revoluciones (científica, industrial, filosófica, social, artística, política), los significados fijos han abandonado los términos religiosos, y ahora flotan por ahí como espíritus incorpóreos, buscando (pero aparentemente sin encontrar) los cuerpos de los que los exorcizaron los revolucionarios.

Entre los términos religiosos que han perdido su sentido cristiano se encuentran "inspiración", "revelación", "espiritual", "comunión", "hermandad", "unidad", "adoración", "oración", "cielo", "inmortalidad", "infierno", "Señor", "nuevo nacimiento", "conversión"... pero la lista es muy larga, e incluye casi todas las palabras importantes de la fe cristiana.

Por supuesto, aquí no estoy hablando de la traducción de un término de uno a otro idioma, ni a la lenta evolución que tiene lugar en la forma de las palabras con el transcurso de los años. Me refiero al uso deliberado de palabras antiguas y familiares, que tienen sentidos fijos, de tal manera que distorsiona esos significados y hace que las palabras transmitan ideas distintas a aquellas que el oyente tenía derecho a esperar. Es posible que el hablante emplee una palabra ortodoxa, pero no quiere decir con ella lo que el oyente cree que dice, de modo que este se engaña. Esto es un uso deshonesto de las palabras.

Esta manipulación es siempre reprensible, pero cuando se usa deliberadamente dentro de la esfera religiosa, no es nada menos que un acto de flagrante bajeza moral.

Hoy día es frecuente el uso constante de términos bíblicos para expresar conceptos no bíblicos. Sin embargo, no todo el que usa mal los términos religiosos tiene malas intenciones. Durante dos generaciones enteras se ha dado entre las iglesias la costumbre de vaciar las palabras de un significado para llenarlas de otro; de modo que es bastante lógico que muchos ministros sinceros, sin ser conscientes de ello, caigan en un idioma teológico que usa muchas palabras para no decir nada.

Hay determinados términos bíblicos, junto con algunas palabras teológicas, que encarnan lo que Dios ha permitido que el ser humano entienda usando su intelecto. Es tremendamente importante que la misma palabra signifique lo mismo para todas las personas que forman parte del mismo grupo lingüístico. Permitir un cambio en el sentido supone correr el riesgo de padecer una catástrofe. Para preservar la vida, el médico y el farmacéutico utilizan unos términos que tienen un significado común para ambos. ¡Cuánto más el púlpito y los bancos de las iglesias deberían tener una comprensión clara de las palabras de vida eterna!

La esperanza de la Iglesia sigue radicando en la pureza de su teología.

El intento cristiano de popularizar la fe cristiana ha resultado extremadamente perjudicial para esta. El propósito era simplificar la verdad para las masas, usando el lenguaje que ellas emplean, en lugar del idioma de la Iglesia. No ha tenido éxito, sino que más bien ha aumentado la confusión religiosa en vez de reducirla.

Hoy día no son populares las creencias positivas. El deseo equivocado de mantener un espíritu de tolerancia entre todas las razas y las religiones ha producido una raza de cristianos que, como el dios Jano, tienen unas bisagras incorporadas, que les hacen famosos solo por su capacidad de girarse en todas direcciones de forma elegante. La filosofía que subyace tras este asunto sostiene que las creencias religiosas son una cuestión de elección personal, y que el Señor adapta su verdad salvadora a cada individuo, variándola según el trasfondo cultural, el nivel educativo y el estrato social de cada persona. No sé lo que es esto, pero no es cristianismo.

Últimamente ha aparecido toda una serie de libros religiosos populares que, literalmente, están repletos de palabras-bisagra que tienen significados imprecisos; y dado que los escribieron personas aparentemente evangélicas, los cristianos evangélicos las han aceptado y fomentado. Estas palabras están teniendo una influencia real sobre el pensamiento cristiano; o, más concretamente, hacen que el pensamiento cristiano sano sea imposible para las personas que leen esos libros y los admiran. Es mejor que echemos un buen vistazo a esas obras. Si sus autores no se quedan quietos para que examinemos sus significados, seguramente es porque hay un buen motivo para ello. Las grandes ideas tienen la costumbre de vivir en las mismas palabras de generación en generación. Ignorar o rechazar la palabra supone rechazar la idea.

La esperanza de la Iglesia sigue radicando en la pureza de su teología, es decir, de sus creencias sobre Dios y el hombre y la relación entre ambas. Estas creencias le han sido reveladas mediante la inspiración del Espíritu Santo en las Sagradas Escrituras. Allí todo está bien definido y es preciso. No nos atrevamos a ser menos precisos en nuestra manera de tratar cosas tan preciosas como estas.

12

LA ACTITUD CORRECTA HACIA NUESTROS LÍDERES ESPIRITUALES

Tenemos líderes espirituales, y siempre los tendremos.

Incluso el cristiano con un pensamiento más democrático se ve influido, y hasta cierto punto guiado, por algún otro cristiano, vivo o muerto. No puede evitarlo: así es como está hecho, y más le vale aceptarlo.

En los extremos del espectro religioso tenemos a aquellas iglesias que están controladas desde arriba por una jerarquía todopoderosa, y a aquellas otras que rechazan de plano cualquier autoridad suprema, y que insisten en la autonomía completa dentro de la asamblea local. Sin embargo, ambos tipos de iglesias están controladas por sus líderes. Uno de los grupos lo admite y el otro lo niega, pero a pesar de ello ambas están sometidas a ese control. Es cierto que el grado de control es menor en el segundo caso que en el primero, pero está ahí.

Es innegable que nuestro paradigma religioso viene determinado en gran medida por nuestros líderes, pero si eso es bueno o malo vendrá determinado por el tipo de líderes que tengamos y por la sabiduría que apliquemos en nuestra actitud hacia ellos.

Creo que en lo se refiere a nuestra actitud hacia los líderes religiosos cometemos dos errores: uno es no estarles lo bastante agradecidos, y el otro es seguirles como si fuéramos sus esclavos.

El primero es un pecado de omisión, y dado que es algo que no está ahí, no es tan probable que lo detectemos tanto como un pecado que esté a la vista. Por ejemplo, es pecado no estar agradecidos a una persona que nos ha mostrado su amistad, pero no es un pecado tan grave o tan evidente como robarle la cartera.

Ser agradecidos a los siervos de Dios es estar agradecidos a Dios. Los beneficios que recibimos de ellos son producto de la mano de Dios que obra en ellos, pero como agentes libres podrían haberse negado a cooperar. El hecho de que entregaran gozosamente sus miembros al Espíritu para beneficiarnos nos hace estar en deuda con ellos. Como son tantos, y como la inmensa mayoría de ellos ya duerme, no podemos devolverles el favor en persona; la única manera de cumplir con nuestra obligación es siendo agradecidos. La gratitud es una ofrenda preciosa a los ojos de Dios, algo que hasta el más pobre de nosotros puede dar y, al hacerlo, no ser más pobre sino más rico que antes.

En un sentido muy real, damos gracias a Dios cuando se las damos a su pueblo. La gratitud sentida y expresada se convierte en una fuerza sanadora y vivificante en el alma. Cuando entra la gratitud en nuestras vidas, en nuestro interior sucede algo maravilloso. Nunca podemos ser demasiado agradecidos, porque esto sería como decir que se puede amar demasiado o ser amables en exceso. Y si nos equivocamos, es mejor que lo hagamos siendo humildemente agradecidos por los beneficios recibidos. Si por error damos la honra a quien no la merece, estaremos en mejor situación que si no se la damos a quien se la ha ganado.

Tenemos una deuda con esos hombres santos que nos dieron las Sagradas Escrituras, una deuda que nunca podremos pagar. Deberíamos estar contentos porque se encontraron en un estado espiritual que les permitió escuchar la Voz en el momento crítico en que Dios los usó para transmitir sus poderosas palabras a la humanidad. Y también debemos estar agradecidos a quienes en otras épocas anteriores transcribieron amorosamente esa Palabra, y a esos santos que, en determinados momentos peligrosos del pasado, arriesgaron sus vidas para mantener intactas las Sagradas Escrituras.

Ser agradecidos a los siervos de Dios es estar agradecidos a Dios.

Hay una deuda común que todo cristiano tiene con sus hermanos en la fe, pero hay una mayor que tiene para con cristianos concretos: eruditos bíblicos, traductores, reformadores, misioneros, evangelistas, predicadores itinerantes, escritores de himnos, compositores, pastores, maestros y santos que oraban. Tenemos la obligación de elevar por ellos, en todo momento, el incienso de nuestras oraciones de gratitud, de día y de noche, para el Padre de las luces, que es la fuente y el origen de todas nuestras bendiciones.

Si bien el hecho de no ser agradecidos a nuestros líderes y benefactores, que Dios ha puesto donde están, es un pecado de omisión, también lo es depender demasiado de ellos. Esos hombres que recibieron el privilegio de parte de Dios de poner por escrito las palabras de las Escrituras inspiradas ocupan una posición única en la providencia divina, y no se les aplica lo que diremos a continuación. Dependemos totalmente de las Escrituras para conocer la verdad divina, y en este sentido debemos seguir sin cuestionar las palabras de los escritores inspirados. Pero ningún otro hombre tiene semejante poder sobre nosotros.

Cometemos un grave error cuando nos apegamos hasta tal punto a la predicación o a los escritos de un gran líder cristiano que aceptamos sus enseñanzas sin atrevernos a analizarlas. En el reino de Dios no hay ningún hombre tan importante. Debemos seguir a los hombres solo en la medida en que sigan al Señor, y hemos de conservar una mente abierta para no convertirnos en seguidores ciegos de un hombre que tiene aliento en su nariz.

No hay ningún líder cristiano que no tenga sus puntos ciegos, sus prejuicios inconscientes, que influirán en su enseñanza. Nosotros ya tenemos bastantes de esas cosas como para aceptar sin cuestionarnos las de nuestros maestros.

Entonces, ¿qué hacemos? Aprendamos de todo santo que ejerza un ministerio sobre nosotros, seamos agradecidos a todos ellos y por todas las cosas, y luego sigamos a Cristo. Ningún creyente libre debería vender jamás su libertad a otro. Ningún cristiano tiene el derecho a enseñorearse de otros cristianos. El único digno de ser llamado Maestro es Cristo; no hay otro.

"Pero la unción que vosotros recibisteis de él permanece en vosotros, y no tenéis necesidad de que nadie os enseñe; así como la unción misma os enseña todas las cosas, y es verdadera, y no es mentira, según ella os ha enseñado, permaneced en él" (1 Juan 2:27).

13

LA CUERDA FLOJA ENTRE LO "ESPIRITUAL" Y LO "SECULAR"

En el capítulo 6 del Evangelio de Juan, el apóstol plasma uno de los dos casos en los que Jesús alimentó milagrosamente a una multitud de personas. En el drama en Galilea participan dos discípulos y un muchacho anónimo: Felipe, un hombre con una calculadora; Andrés, un hombre con una sugerencia, y un muchacho con un almuerzo que estaba dispuesto a compartir. Leamos de nuevo ese episodio:

> Cuando alzó Jesús los ojos, y vio que había venido a él gran multitud, dijo a Felipe: ¿De dónde compraremos pan para que coman estos? Pero esto decía para probarle; porque él sabía lo que había de hacer. Felipe le respondió: Doscientos denarios de pan no bastarían para que cada uno de ellos tomase un poco. Uno de sus discípulos, Andrés, hermano de

> Simón Pedro, le dijo: Aquí está un muchacho, que tiene cinco panes de cebada y dos pececillos; mas ¿qué es esto para tantos? Entonces Jesús dijo: Haced recostar la gente. Y había mucha hierba en aquel lugar; y se recostaron como en número de cinco mil varones. Y tomó Jesús aquellos panes, y habiendo dado gracias, los repartió entre los discípulos, y los discípulos entre los que estaban recostados; asimismo de los peces, cuanto querían (Juan 6:5-11).

Justo antes de esta multiplicación milagrosa de los panes y los peces, "subió Jesús a un monte, y se sentó allí con sus discípulos" (6:3). Este hecho es notable: parece claro que Jesús se retiró a propósito de las grandes multitudes que le habían estado siguiendo.

Hay algunas cosas que ni tú ni yo aprenderemos nunca cuando hay otros presentes. Creo en la Iglesia y me encanta la comunión de la asamblea. Hay mucho que podemos aprender cuando nos reunimos los domingos y nos sentamos entre los santos. Pero hay determinadas cosas que tú y yo jamás aprenderemos en presencia de otras personas.

Incuestionablemente, hoy día parte de nuestro fracaso se debe a una actividad religiosa que no va precedida de la soledad, la inactividad. Me refiero al acto de quedarse a solas con Dios y esperar en silencio y en quietud hasta que su Espíritu nos dé las fuerzas necesarias. Entonces, cuando actuemos, nuestras obras tendrán un peso específico, porque Dios nos habrá preparado para hacerlas.

¡ASEGÚRATE DE QUE ES LA INACTIVIDAD CORRECTA!

Aquellos que entre nosotros practican la inactividad, por lo general no practican el tipo de inactividad que nos recomienda la Biblia, ese tipo de espera apacible en Dios que practicó nuestro Señor. Hoy día, parte de lo que vemos es simple pereza, y el Señor no tiene nada bueno que decir sobre el perezoso. Entre los 66 libros de la Biblia no hay un solo pasaje que diga nada bueno sobre el perezoso. La inactividad que nace de la pura pereza no tiene lugar en la Biblia.

También hay una inactividad que surge del miedo. Las personas a las que les da miedo hacer cualquier cosa imaginan que pueden reducir la zona de peligro si no hacen nada. Creen que, simplemente quedándose quietas, correrán menos peligro de meterse en problemas. Dios nunca aprueba este tipo de inactividad, porque nace de un motivo que no es cristiano.

Hay un punto en que la mente deja de intentar encontrar su propio camino y se abre de par en par a Dios.

Otros están inactivos porque les falta visión. Simplemente, no saben qué hacer, ¡así que no hacen nada! Hay grandes sectores de la Iglesia que se encuentran en este estado. Hay personas que nunca han visto un camino y no tienen idea de dónde encontrar uno. No tienen una autopista delante de sus pies, de modo que se quedan inmóviles.

Sin embargo, existe una inactividad que, por paradójico que nos parezca, es la mejor actividad posible. Puede darse una suspensión de la actividad del cuerpo, como cuando nuestro Señor dijo a sus discípulos: "quedaos vosotros en la ciudad de Jerusalén, hasta que seáis investidos de poder desde lo alto" (Lucas 24:49). Ellos aguardaron, y el Espíritu Santo descendió sobre ellos con poder.

En el Antiguo Testamento, esperar en Dios significaba acudir a su presencia con expectación, y esperar en ella sumidos en una inactividad física y mental. "Deja de pensar, cristiano atribulado", dijo uno de los poetas del pasado. Hay un punto en que la mente deja de intentar encontrar su propio camino y se abre de par en par a Dios. Y la gloria divina radiante desciende sobre la vida que la espera y le imparte una actividad.

¿Entiendes lo que quiero decir cuando afirmo que podemos acudir delante de Dios con una actividad que sea inactiva? Acudimos a Dios con un corazón que no actúa según la carne o según le dicta su naturaleza, es decir, intentando hacer algo. Acudimos ante Dios con una actitud de espera. Esto significa, sencillamente, que nuestro espíritu interior ve y escucha, y se remonta en alas, mientras nuestra persona externa, física, se encuentra inactiva e incluso la mente queda suspendida en cierto grado.

CUANDO JESÚS REPRENDIÓ A UNA MUJER AJETREADA

Sabemos que, en cierta ocasión, Jesús reprendió a una mujer por ser demasiado activa. Hablamos de Marta de Betania. A veces tendemos a añadir algo a lo que le dijo el Señor a Marta. Muchos predicadores han aprovechado la amable reprensión del Señor para acusar de todo a aquella buena mujer. Personalmente, doy gracias a Dios por las Martas de este mundo. Por lo general, siempre tiene que haber alguien que cocine, lave los platos y se asegure de que se hacen las tareas. Sin Martas no tendríamos tan buen aspecto ni comeríamos tan bien. Debemos permitir que la reprensión del Señor sea suficiente, sin añadir nada a la amonestación que recibió Marta.

Por otro lado, fijémonos en que María estaba allí, no haciendo nada más que estar sentada. Aquí aparece el mismo verbo que usa Juan cuando habla de la inactividad de Jesús cuando subió al monte y se sentó con sus discípulos. María no hacía otra cosa que estar sentada a los pies del Salvador, y el Señor reprendió a Marta por su actividad nerviosa. Creo que Marta llevó su actividad hasta un punto en que ya no resultaba útil, sin respaldarla con la relajación espiritual interna.

Ahora bien, en el caso de nuestro Señor, Juan nos dice que las personas acudían a Él, y que Él estaba dispuesto a recibirlas. Había permanecido tranquilo y en silencio; se había sentado con sus discípulos y había meditado. Mirando al cielo, esperó hasta que la esencia de la vida divina descendió del trono de Dios penetrando en su alma. Era como un violín afinado, como una batería recargada; estaba equilibrado y preparado para recibir a las personas cuando acudieran a Él.

De modo que la gente vino; fue una gran masa de personas que, tres días antes, habían partido de todos los pueblos galileos de los alrededores para seguir al Maestro. Algunos llevaron a sus bebés, algunos eran ancianos y carecían de las fuerzas físicas necesarias para realizar un viaje tan largo. Ahora, después de pasar tres días en el camino, se les había acabado la comida. Tenían necesidad de comer, pero no había ningún lugar donde pudieran adquirir provisiones.

Fue entonces cuando el Señor preguntó a Felipe: "¿De dónde compraremos pan para que coman éstos?" (Juan 6:5). ¿Te dice algo esta pregunta? A mí me dice que a nuestro Señor humano le preocupaba el pan y también el hambre natural que sienten las personas.

No conozco un solo lugar donde se celebren retiros que no tenga una cocina y un comedor. Nunca ha habido un Pentecostés que no tuviera algún cocinero a la vuelta de la esquina para alimentar a los santos llenos del Espíritu.

Nuestro Señor sabe que somos seres humanos. Es reconfortante que sepamos que nos entiende y que comprende que necesitamos alimentos.

NUESTROS CUERPOS SON UNA DISCIPLINA

A veces me he preguntado por qué Dios nos dio cuerpos y nos ató a ellos. He llegado a la conclusión de que lo hizo, más o menos, como disciplina. No sé para qué más nos sirven. Emerson escribió que la naturaleza tenía una sola función para los seres humanos, que era disciplinarlos.

De vez en cuando pensamos así. Hay ocasiones en que el cuerpo se escapa un poco de nuestro control, y tenemos que invertir en nuestro cuerpo tanto tiempo y energía como la que invertimos haciendo cualquier otra cosa. Me alegro de que Dios nos entienda; me alegro de que sepa esto. Fue Él quien nos dio estas carcasas mortales, y espera que las cuidemos. Dentro de este contexto vemos que le preocupaba que aquellas personas dispusieran de algo que comer.

Nuestro Señor está con nosotros, santificando todo lo que hacemos, siempre que sea honesto y bueno.

Nunca he creído en esas grandes distinciones que algunos intentan hacer entre lo sagrado y lo secular. Alimentarse puede ser un acto tan religioso como lo es orar; para mí es tan espiritual tomar mi desayuno como orar con mi familia. Cuando separamos nuestro desayuno de nuestras oraciones, introducimos una división innecesaria. ¿Por qué tenemos que meter la comida en una categoría y disculparnos con el Señor, diciendo: "Señor, lo siento muchísimo, pero sabes que ahora tengo que comer. Me reuniré contigo en cuanto acabe, pero, por favor, discúlpame durante este rato que dedico a comer"?

No es correcto poner nuestras necesidades físicas en un lado y en el otro poner la oración, los cánticos, la ofrenda, la lectura de la Biblia y el testimonio. ¿Cómo podemos decir "esto es espiritual" y "esto es secular"? Lo que intentamos en realidad es caminar por una cuerda floja entre ambas cosas, lo secular y lo espiritual, disculpándonos con Dios cuando debemos alejarnos unos instantes para hacer algo "secular".

Muy bien, pues yo tengo una forma de vivir mejor que esa, y te puedo decir que el Señor Jesús nunca hizo esa distinción que hacen tantos cristianos. Dijo que Él era el Señor. Era el propio Dios, y preguntó: "¿Dónde compraremos pan para que coman estos?". Cuando partió los panes y los distribuyó entre aquella gran multitud, ellos comieron, y el acto de comer fue tan espiritual como lo habían sido las enseñanzas de los días anteriores. La enseñanza y el almuerzo eran igual de espirituales, como lo fue también la oración que lo precedió (tan espiritual como el acto de comer, pero no más).

EL SEÑOR DE NUESTRO PAN

Si logras asimilar esto, será maravilloso para ti. El Señor es el Señor de nuestro pan, el Señor de nuestra comida, el Señor de nuestro baño, de nuestro sueño, de nuestro vestido, de nuestro trabajo. Cuando trabajamos, no tenemos por qué decir: "Hoy tengo que trabajar, pero ya he pensado dedicar un tiempo esta tarde a estar contigo". Nuestro Señor está con nosotros, santificando todo lo que hacemos, siempre que sea honesto y bueno. Si tenemos un empleo decente y respetable, el Señor lo bendecirá, y si el Señor está en ti también estará en tu trabajo.

Fíjate que fue el Señor de la gloria el que dijo: "¿De dónde compraremos pan para que coman éstos?" (Juan 6:5). Él mismo se interesaba por la necesidad de comer que tenían aquellas personas, pero la convirtió en problema de Felipe. Honró a Felipe al ayudarle a formar parte de la solución.

En cierta ocasión prediqué un sermón en el que dije que el Señor es autosuficiente y que en realidad no nos necesita. Al decir esto molesté a algunos, porque pensaban que el Señor sí que les necesitaba. Pensaban que, si dimitían o se jubilaban, el Señor tendría que apresurarse a buscar a alguien más que pudiera ocupar su lugar. ¡Qué visión más baja de Dios! ¿Podrías ponerte de rodillas y clamar a un Dios que te necesitara? Yo no podría. Un Dios que me necesitara sería un Dios con grandes problemas. Dios no necesita contar conmigo, y tampoco contigo, dicho sea de paso. Puede que a algunos esto les resulte una medicina amarga, porque hemos llegado a creernos que somos indispensables y que, cuando nos vayamos, habrá caído un gran árbol, dejando un espacio vacío recortado contra el cielo. Me temo que cuando muramos, algunos de nosotros será como si un saltamontes se hubiera comido una brizna de hierba, ¡y nadie detectará la diferencia!

Sin embargo, ahí estaban esas personas hambrientas, y el Señor las iba a alimentar. La cuestión es que Él no quería limitarse a darles de comer y solventar así el problema. Quería que, como consecuencia de su acto, fluyeran bendiciones a todo alrededor. De modo que eligió a uno de sus discípulos, Felipe, diciéndose a sí mismo: "*Voy a meter a Felipe en este asunto. Voy a honrarle permitiendo que forme parte de este plan. Puede ayudarme a solucionarlo, aunque en realidad no le necesite para nada*".

Por lo tanto, Jesús alentó a Felipe a abordar el problema junto a Él. Dio un leve empujón a Felipe y lo puso contra las cuerdas, con el propósito de manifestar a Felipe lo vacío que estaba en realidad.

Aceptar que no conoces todas las respuestas nunca es una pérdida de tiempo, como tampoco lo es descubrir lo poco que tienes. Cuando me entero de las cosas que no puedo hacer y de las cosas que no tengo, lo considero una victoria clara.

EL SEÑOR PUEDE LLENAR LO QUE VACIAMOS

En realidad, hoy día nuestras vasijas están tan vacías porque no las vaciamos lo suficiente. El Señor tuvo que vaciar a Felipe para poder llenarle, porque Felipe estaba lleno de sus propias ideas. El Señor no puede llenar con su presencia nada que ya esté lleno de otra cosa. Para ser sinceros, Felipe no salió muy bien parado cuando el Señor le preguntó dónde podrían comprar pan para que comiera toda aquella gente.

Felipe manifestó una forma de pensar que es totalmente terrenal, falta de inspiración e incapaz de inspirar. Agarró su calculadora, pulsó el botón de encendido y se puso manos a la obra. A Felipe lo llamo "el Calculador".

A las personas ya no se les ponen apodos muy a menudo, como pasaba en otros tiempos. Antes era habitual que las personas recibieran un apodo que las describía. Incluso en la zona rural del oeste de Pennsylvania, donde viví cuando yo era niño, a las personas se las distinguía por su apodo. Y si examinas la historia pasada, descubrirás a personajes con nombres distintivos, como Eric el Rojo y Alejandro Magno.

El Señor no puede llenar con su presencia nada que ya esté lleno de otra cosa.

Y aquí, en el Nuevo Testamento, tenemos a Felipe el Calculador, Felipe el Matemático, Felipe el Contable. Hacía falta un milagro, y Felipe se puso a calcular los costes. Seguramente todos los grupos cristianos cuentan con una persona que tiene una calculadora. Durante años yo he formado partes de muchas juntas, y raras veces he encontrado una que no tuviera a un Felipe el Calculador entre sus miembros. Cuando sugieres algo, ¡ahí sale la calculadora que te dice que no se puede hacer!

Antes de que nuestra congregación de Chicago se mudara de local, en aquel lugar había una antigua granja lechera. Cuando nos planteamos construir en el solar, nos encontramos con muchos Felipes que dijeron: "¡Es imposible!". Además, por supuesto, podían demostrarlo. Pero aun así construimos la iglesia, y al cabo de seis breves años ya la habíamos pagado. Pero los Felipes dijeron "No es posible", y disponían de sus cálculos para demostrarlo.

Como he dicho, he pasado muchos años formando parte de juntas, y siempre hay dos tipos de miembros: los que ven el milagro y los que solo ven sus calculadoras y sus cálculos. Felipe se puso a trabajar con la calculadora; sabía con cuánto dinero contaban los discípulos, y sabía cuánto costaba una hogaza de pan. También conocía el número de los integrantes de aquella multitud hambrienta.

CIEN POR CIEN NEGATIVO

Felipe introdujo en su calculadora todas aquellas estadísticas y encontró una respuesta: "¡Ni siquiera el salario de ocho meses bastaría para que cada uno de estos comiera un bocado de pan!". Felipe acababa de hacer su contribución, que fue cien por cien negativa. Si Jesús y los otros discípulos se hubieran limitado a escuchar solo a Felipe, ellos y la multitud habrían muerto de hambre en el desierto. No se hubiera producido el glorioso milagro.

Lo único que tienes que hacer para matar a una iglesia es decirle lo que no puede hacer. Deja que las ovejas empiecen a balar tristemente, y la iglesia estará muerta en poco tiempo. Es probable que el poder de la sugestión se ocupe de rematarla. Un miembro de la congregación se encuentra con otro y le dice: "Las cosas no van muy bien en la iglesia, ¿verdad?". "No, no muy bien", responde el otro.

Otro creyente se acerca a otro miembro de la iglesia y le comenta: "Parece ser que las cosas no van muy bien en la iglesia". "Ya, eso es lo que he oído", dice el cristiano número dos, que lo acaba de oír cinco minutos antes, porque se lo dijo el cristiano número uno. Pronto la cosa se descontrola: "¿Has oído lo que dice todo mundo? Las cosas no van bien en la iglesia". Antes de que pase mucho tiempo, la iglesia estará muerta por exceso de comentarios negativos. Las personas que tienen calculadoras han detectado el problema, pero no a Dios. Lo tienen todo planificado, pero no han contado con Dios.

Felipe el Calculador puede ser un individuo peligroso en la Iglesia de nuestro Señor Jesucristo. Cualquier sugerencia que favorezca el progreso se enfrenta al voto negativo de este tipo de personas.

UN HOMBRE Y UNA SUGERENCIA

Ahora pasamos al otro hombre, Andrés. Él lo hizo un poco mejor que Felipe. Hizo una sugerencia tímida: "Aquí está un muchacho, que tiene cinco panes de cebada y dos pececillos; mas ¿qué es esto para tantos?" (Juan 6:9).

Basándome en este episodio, no describiría a Andrés como un fuera de serie. Si viviera en nuestros tiempos, seguro que no se haría famoso por ser fundador o promotor. Andrés solo se había apuntado a medias a la posibilidad del milagro. Andrés escuchó la respuesta de Felipe y seguramente pensó: *Yo diría que la conclusión de Felipe anda un poco desencaminada. Felipe es buena persona y me cae bien, pero siempre se pasa de negativo.* Andrés consultó las cifras en el informe de Felipe: tantos panes, a tantas monedas cada uno;

tantas personas; dividir cada pan en tantas porciones... *No*, pensó Andrés, *las cuentas no salen. Felipe tiene razón: solo habría un bocadito de pan para cada persona, ¡si es que tuviéramos el dinero! Pero esto no puede acabar aquí; tiene que haber una respuesta. Seguro que hay una solución.*

Así que Andrés se puso a mirar a su alrededor. Cuando consigamos tener una iglesia llena de Andreses, estaremos un poco más cerca del milagro. Incluso aunque solo haya uno o dos de ellos, normalmente escucharás que uno sugiere: "Aquí hay un muchacho con su almuerzo, un poco de pan y unos pescados, pero la verdad es que, a fin de cuentas, no es gran cosa...". Y detectarás en su voz cierta inflexión que invita a otra persona a que acuda en su rescate: "Si hay alguien que me haga algún comentario que me anime, creo que podré ver cierta esperanza en esta situación". Así es, Andrés.

Cuando todos son como Andrés, ¡ya tenemos un poco más de calor! Felipe era frío como el hielo, con su calculadora y su prueba de que en aquella ocasión nadie iba a probar bocado. Andrés miró alrededor y dijo: "Bueno, tenemos un punto de partida: aquí hay alguien con un almuerzo. Es un cesto pequeño que tiene un chico".

Nunca he logrado adivinar cómo se las habría arreglado aquel muchacho para conservar su almuerzo. Los chicos a los que conozco se lo habrían comido antes de las nueve de la mañana del primer día, ¡y este era el tercer día! Pero el muchacho seguía conservando su escaso almuerzo. A lo mejor su madre le había dado algunos alimentos extra y por eso no se lo había comido. En realidad, los cinco panes solo tenían el tamaño y la forma de tortitas. Eso es lo que eran, junto con dos pescados pequeños.

Vale, allí estaba el muchacho. Andrés no tenía nada, pero sabía que aquel chico disponía de un pequeño almuerzo. A lo mejor esa comida servía de algo. Creo que Andrés resultaría útil en cualquier junta administrativa de una iglesia. Al menos andaba buscando a alguien que tuviera alimentos; esto nos habla de esperanza, o al menos de un poco de fe.

NECESITAMOS A GENTE COMO ANDRÉS

Ya es hora de que localicemos a uno o dos Andreses, personas que tengan la esperanza y la fe suficientes como para, como mínimo, buscar a su alrededor una señal de ayuda. Aquello era precisamente aquel almuerzo: una señal. No era gran cosa; de hecho, no bastaba para más de una persona. Pero Jesús tomó aquella señal inadecuada e hizo que fuera suficiente para más de cinco mil personas.

A veces he citado un breve pasaje de mi querido Walter Hilton, que vivió antes de la época de Shakespeare. Hablando de servir a Dios y de cómo debemos enfocar el servicio, dijo: "Quiero darles una breve regla". Entonces, usando el término *mickle*, que procede del inglés antiguo, y que significa "mucho", escribió: "Mucho tengo, mucho hago. Poco tengo, poco hago. No tengo nada, al menos conservo la buena intención". *Si tienes mucho, haz mucho. Si no tienes mucho, haz lo que puedas. Si no tienes nada, ten buenas intenciones.* Es una buena norma. Por lo menos, Andrés tenía buenas intenciones; encontró un almuerzo, una señal. Estaba de parte de Dios.

Si tienes mucho, haz mucho. Si no tienes mucho, haz lo que puedas. Si no tienes nada, ten buenas intenciones.

A lo mejor te has dado cuenta de que en realidad Juan no nos dice cómo consiguieron ese almuerzo. Dice que Jesús tomó los panes, pero no dice cómo los consiguió. Pero he leído demasiadas cosas sobre mi Señor como para pensar que obligó al muchacho a dárselos. Es posible que para el chico ese almuerzo tuviera una importancia vital, pero lo entregó a Jesús.

Es posible que Jesús sonriera al muchacho y le dijera: "¿Te gustaría hacer algo que ayude a todas estas personas hambrientas?". Y el chico, con cara de alegría, respondiera: "Sin duda, Maestro".

"Entonces, ¿me prestas tu almuerzo?". Creo que el muchacho, sonriendo, se lo entregó a Jesús, quien se volvió hacia sus discípulos y les dijo: "Pidan a la gente que se recueste". De modo que se sentaron formando filas ordenadas, una hilera tras otra, y Jesús tomó el pan y lo bendijo, levantando su corazón y diciendo: "Oh Dios, bendice esta pequeña porción. Bendice esta porción de esperanza optimista. Bendice esta muestra de fe".

Y entonces Jesús empezó a repartir el pan de cebada y los pescados, y de repente hubo cestos llenos de comida. ¿De dónde salieron los cestos? Eran los cestos del almuerzo, de los que habían comido los presentes uno o dos días antes. En aquella multitud había habido muchos cestos vacíos, pero solo un almuerzo. Jesús tomó el almuerzo único y lo multiplicó, para que hubiera comida para todo el mundo. Como se lo habían entregado a Jesús para que lo usara, se convirtió en una bendición para más de cinco mil personas.

ALGUNAS PREGUNTAS PERSONALES

Todo esto nos lleva a algunas preguntas personales. ¿Eres un Felipe? ¿Un Andrés? ¿Un muchacho con un poco de comida?

Felipe era tan eficiente con sus cálculos que se olvidó de meter a Dios en la ecuación. Andrés estuvo un poco más cerca: no es que él tuviera nada personalmente, pero sabía que podía conseguir algo por ahí. Y luego tenemos al muchacho. Tampoco tenía mucho, pero lo que tenía se lo dio a Jesús, quien tenía la capacidad para hacer que fuera suficiente.

¿De qué lado estás? ¿Estás con aquellos que están convencidos de que el Señor no puede hacer nada en esta situación? ¿Dispones de tu propia calculadora, con la que demostrar que en esta situación no se puede hacer nada?

¿Te cuentas entre los vacilantes, que tienen el corazón puesto en el lado correcto? Estás convencido de que el almuerzo no basta para todos, pero tienes esperanzas porque al menos es mejor que nada.

A lo mejor estás de parte del muchacho, que dice: "Maestro, si te doy este almuerzo, significará que a lo mejor me quedo sin comer. Pero me gusta tu manera de hacer las cosas, y estoy dispuesto a seguir tus instrucciones. Puedes quedarte con mi almuerzo".

Creo que merece la pena que te diga aquí mismo qué es lo que yo pienso: creo que cuando el Señor envió un cesto de comida a aquel muchacho, ¡le añadió un pescado extra! Esto de poner un poco más de comida en la cesta del chico que lo había entregado todo estaría en consonancia con la forma de actuar del Señor. Lo hace en las cosas espirituales, de modo que, ¿por qué no iba a hacerlo con un almuerzo?

Recomiendo que pidamos a Dios al menos la fe de un Andrés, y que luego empecemos a buscar alrededor señales de la gracia de Dios. Sin duda que encontraremos señales. A lo mejor tú tienes una y no lo sabes. ¿Crees que el muchacho sabía que tenía la clave del milagro? No, no lo sabía. Pero en realidad la llevaba en su cesta del almuerzo. Había cargado con esta tres días sin tener ni idea.

A lo mejor tienes en tus manos la llave del futuro. Puede que la tengas en la mano sin saberlo, la clave de la salvación de al menos diez personas, y quizá de cien, y solo tienes que descubrirlo. Solo tienes que entregar esa llave al Señor y dejar que la use.

Di a Jesús ahora: "Maestro, solo tengo una señal, una muestra pequeñita, ¡pero tómala, Señor Jesús, tómala!". El Señor la tomará. No sé cómo la multiplicará, pero puede hacerlo.

Y lo hará.

14

ESTE MUNDO: ¿CAMPO DE RECREO O CAMPO DE BATALLA?

Para nosotros, las cosas no son únicamente lo que son, sino lo que les atribuimos. Es decir, es probable que nuestra actitud hacia las cosas sea, a la larga, más importante que las cosas mismas.

Esta es una conocida perla de conocimiento, como una vieja moneda pulida por el uso y, aun así, encierra verdad en ella y no debe ser rechazada solo porque es conocida.

Resulta extraño cómo un hecho puede permanecer constante, mientras nuestra interpretación del mismo cambia a lo largo de las generaciones y los años.

Uno de estos hechos es el mundo en que vivimos. Está aquí, y ha estado aquí durante siglos. Es un hecho constante, que no ha cambiado con el paso del tiempo, pero ¡cuán diferente es la visión del hombre moderno de la que tuvieron nuestros padres! En esto vemos cuán grande es el poder de la interpretación. Para todos nosotros, el mundo no es solamente lo que es, sino lo que creemos que es. Y una gran medida de aflicción o bienestar depende de la solidez de nuestra interpretación.

Sin ir más lejos que a la época de la fundación y el desarrollo inicial de nuestro país, podemos ver la gran brecha que existe entre nuestras actitudes modernas y las de nuestros padres. En los primeros días, cuando el cristianismo ejercía una influencia dominante en la mentalidad estadounidense, los hombres concebían el mundo como un campo de batalla. Nuestros padres creían, por un lado, en el pecado, el diablo y el infierno como una fuerza y, por el otro, creían en Dios, en la justicia y en el cielo. Por naturaleza, estas fuerzas se oponían siempre entre sí en una hostilidad profunda, seria e irreconciliable. Según nuestros padres, el hombre tenía que escoger entre dos bandos, y no podía ser neutral. Para él debía ser vida o muerte, cielo o infierno, y si escogía estar del lado de Dios, podía esperar una guerra abierta con los enemigos de Dios. El conflicto sería real y mortal, y duraría tanto como existiera la vida aquí abajo. Los hombres aguardaban el cielo como un regreso de las guerras, una deposición de las armas para gozar de paz en el hogar que ha sido preparado para ellos.

Los sermones y los cantos de aquella época a menudo tenían un tono marcial, o quizá un vestigio de añoranza. El soldado cristiano pensaba en el hogar, en descanso, y en reunión, y su voz se tornaba nostálgica cuando cantaba de batallas culminadas y victorias ganadas. Pero ya sea que estuviera atacando ejércitos enemigos o soñando con el fin de la guerra y con la bienvenida del Padre en el hogar celestial, nunca olvidó la clase de mundo en el que vivía: un campo de batalla donde muchos son heridos y muertos.

El mundo no es solamente lo que es, sino lo que creemos que es.

Esta visión es incuestionablemente bíblica. A la luz de las figuras y metáforas que abundan en las Escrituras, sigue siendo una doctrina bíblica la existencia de tremendas fuerzas espirituales que operan en el mundo. El hombre, dada su naturaleza espiritual, está atrapado en medio. Los poderes del mal buscan destruirlo, mientras Cristo está presente para salvarlo por medio del poder del evangelio. A fin de ser librado, el hombre debe salir victorioso en el bando de Dios mediante la fe y la obediencia. Esto, en breve, es lo que pensaban nuestros padres y, según creo, lo que enseña la Biblia.

Cuán diferente es hoy. El hecho permanece igual, pero la interpretación ha cambiado por completo. Los hombres no consideran el mundo como un campo de batalla, sino como un campo de recreo. Creen que no estamos aquí para pelear, sino para juguetear; que no estamos en una tierra extraña, sino en casa. Piensan que no estamos preparándonos para vivir, sino que ya estamos viviendo, y lo mejor que podemos hacer es deshacernos de nuestras inhibiciones y frustraciones, y disfrutar al máximo de esta vida. Esto, creo yo, resume bastante bien la filosofía del hombre moderno, la cual profesan millones y, de forma tácita, abrazan millones más que la viven sin expresarlo verbalmente.

Este cambio de actitud hacia el mundo ha afectado a los cristianos, incluso a los cristianos evangélicos que profesan la fe de la Biblia. Mediante un manejo curioso de las cifras, logran sumar la columna mal, y aun así aseguran obtener la respuesta correcta. Esto suena increíble, pero es verdad.

La gran mayoría de cristianos fundamentalistas han aceptado ahora, en la práctica, la idea de que este mundo es un campo de recreo en lugar de un campo de batalla. Puede que se indignen cuando se les pide abiertamente declarar su posición, pero su conducta los delata. Están frente a dos caminos, disfrutando a Cristo *y* el mundo, diciéndole alegremente a todo el mundo que aceptar a Jesús no les exige renunciar a su diversión y que el cristianismo es simplemente la cosa más alegre que alguien pueda imaginar.

La "adoración" que nace de esta visión de la vida está tan desviada como la visión misma, una especie de club nocturno santificado, pero sin champaña y sin ebrios bien vestidos.

Todo este asunto se ha vuelto tan serio que ahora todos los cristianos tienen la obligación de reexaminar su filosofía espiritual a la luz de la Biblia. Después de descubrir la forma bíblica de vivir, deben vivirla, incluso si esto les exija separarse de gran parte de lo que han aceptado como real pero que a la luz de la verdad se evidencia como falso.

Una visión correcta de Dios y del mundo venidero precisa que tengamos una visión correcta del mundo en el que vivimos y de nuestra relación con él. Tantas cosas dependen de esto que no podemos darnos el lujo de tomarlo a la ligera.

15

LOS EVANGÉLICOS, ¿QUEREMOS MEJORAR NUESTRA POSICIÓN SOCIAL?

Tradicionalmente, el cristianismo ha sido la religión del pueblo llano. Siempre que una gran cantidad de miembros de clase alta lo ha adoptado, se ha extinguido. La respetabilidad casi siempre le ha resultado mortífera.

Los motivos detrás de esto son dos, uno humano y el otro divino.

Schleiermacher ha señalado que en el fondo de toda religión existe un sentimiento de dependencia, la sensación de ser una criatura indefensa. El hombre sencillo, que vive cerca de la tierra, vive también cerca de la muerte, y sabe que debe buscar ayuda fuera de sí mismo; sabe que solo un paso le separa de la catástrofe. A medida que asciende por la escala social y económica, se rodea de más y más objetos protectores, y empuja el peligro (o eso cree él) cada vez más lejos de su persona. La confianza en sí mismo sustituye al sentimiento de dependencia que conoció en otro tiempo y, para él,

Dios se vuelve menos necesario que antes. Si se detuviera a meditar sobre ello, sabría que no debe poner su confianza en las cosas y en las personas. Sin embargo, nuestra caída moral nos ha herido hasta el punto de que somos capaces de engañarnos completamente y, si las circunstancias son propicias, mantener ese engaño durante toda la vida.

Además de la sensación de seguridad que proporcionan la riqueza y la posición social, nos invade un orgullo arrogante que cierra herméticamente la puerta del corazón al Salvador que nos espera. Es cierto que nuestro "Hombre Muy Importante" puede honrar a una iglesia asistiendo a ella, pero en ese acto no hay vida alguna. Su religión es externa y su fe es nominal. La respetabilidad consciente le ha destruido.

El segundo motivo por el que el cristianismo tiende a estropearse cuando sus seguidores ascienden por la escala social es que Dios no hace acepción de personas ni compartirá su gloria con otros. Pablo lo dice con mucha claridad en 1 Corintios:

> *Porque lo insensato de Dios es más sabio que los hombres, y lo débil de Dios es más fuerte que los hombres. Pues mirad, hermanos, vuestra vocación, que no sois muchos sabios según la carne, ni muchos poderosos, ni muchos nobles; sino que lo necio del mundo escogió Dios, para avergonzar a los sabios; y lo débil del mundo escogió Dios, para avergonzar a lo fuerte; y lo vil del mundo y lo menospreciado escogió Dios, y lo que no es, para deshacer lo que es, a fin de que nadie se jacte en su presencia* (1 Corintios 1:25-29).

Cuando Dios envió a su Hijo para redimir a la humanidad, lo envió al hogar de un trabajador, y el Señor creció para convertirse en lo que hoy llamaríamos un campesino. Cuando se presentó a

Israel e inició su ministerio terrenal, fue rechazado por los religiosos respetables y tuvo que buscar a sus seguidores casi exclusivamente entre las gentes pobres y sencillas. Cuando descendió el Espíritu y se fundó la Iglesia, sus primeros miembros eran personas socialmente inaceptables. Durante generaciones, la gran mayoría en la Iglesia estuvo compuesta por personas de clase social baja, con excepciones individuales de vez en cuando, de las cuales la más destacable fue Saulo de Tarso.

La historia es una gran maestra, pero no puede enseñar a aquellos que no quieren aprender.

Durante los siglos transcurridos desde Pentecostés, el sendero del cristianismo genuino ha discurrido de una forma bastante paralela al camino que recorrió Jesús cuando estuvo en este mundo: lo rechazaban los grandes y lo aceptaban los humildes. Es evidente que la Iglesia institucionalizada no ha sido pobre, ni ha carecido de hombres grandes y poderosos que aumentaran su número. Pero esta gran Iglesia no ha tenido poder. Casi siempre, la aprobación de Dios ha recaído sobre grupos pequeños y marginales, cuyos miembros fueron objeto de burla mientras vivieron, y que consiguieron ser aceptados solamente después de haber estado a salvo en sus tumbas durante muchos años.

Hoy día, los evangélicos comenzamos a evidenciar indicios de que nos estamos volviendo demasiado ricos y demasiado prominentes, y esto nos perjudica. Dominados por la extraña actitud de no prestar atención a las lecciones de la historia, nos afanamos en busca del reconocimiento del mundo y de la aceptación de la sociedad. Y estamos consiguiendo ambas cosas. Ahora los grandes y los poderosos miran en nuestra dirección. Da la sensación de que el mundo está a punto de acercarse y unirse a nuestras filas. Por supuesto, tenemos que hacer algunas concesiones, pero ya prácticamente las hemos hecho todas, excepto por una falta relativa de tolerancia, aquí y allá, sobre temas como la inspiración verbal, la creación especial, la separación y la tolerancia religiosa.

El cristianismo evangélico se está convirtiendo rápidamente en la religión de la burguesía. Los adinerados, la clase media-alta, los miembros importantes de la política, las celebridades aceptan nuestra religión por millares, y aparcan sus lujosos vehículos a las puertas de nuestras iglesias, para regocijo incontrolable de nuestros líderes religiosos, que parecen estar totalmente ciegos ante el hecho de que la inmensa mayoría de estos nuevos patrocinadores del Señor de la gloria no han modificado sus costumbres morales ni han dado ninguna evidencia de una verdadera conversión, aquella que habrían aceptado los piadosos padres que fundaron las iglesias.

Sí, la historia es una gran maestra, pero no puede enseñar a aquellos que no quieren aprender. Y, según parece, nosotros no queremos.

16

POR QUÉ EL MUNDO NO LO PUEDE RECIBIR

El Espíritu de verdad, al cual el mundo no puede recibir.

Juan 14:17

La fe cristiana, basada en el Nuevo Testamento, enseña la antítesis completa que existe entre la Iglesia y el mundo. Este es un tema que ya he mencionado brevemente en otro capítulo, pero es un asunto tan importante para el alma que busca respuestas que siento que debo profundizar en este tema un poco más.

Hay una frase religiosa muy trillada que dice que el problema que tenemos hoy día es que hemos intentado salvar el abismo entre dos opuestos, el mundo y la Iglesia, y hemos celebrado un matrimonio ilícito que no está respaldado por ninguna autoridad bíblica. En realidad, la unión real entre el mundo y la Iglesia no es posible en ningún caso. Cuando la Iglesia se une al mundo, ya no es la verdadera Iglesia, sino un lamentable híbrido, el blanco del desprecio sonriente del mundo y una abominación para el Señor.

El crepúsculo en el que muchos creyentes (¿o deberíamos decir *la mayoría*?) se encuentran sumidos hoy no es consecuencia de ninguna ambigüedad por parte de la Biblia. No puede haber nada más claro que las declaraciones de las Escrituras sobre la relación entre el cristiano y el mundo. La confusión en torno a este asunto es consecuencia de la falta de voluntad que tienen ciertos cristianos profesos para tomarse en serio la Palabra del Señor. La cristiandad está tan enredada en el mundo que hay millones de personas que jamás descubren cuán radicalmente se han alejado del patrón del Nuevo Testamento. Las concesiones están por doquier. El mundo está lo bastante blanqueado como para pasar la inspección de unos ciegos que fingen ser creyentes, y esos mismos creyentes no dejan nunca de intentar ganarse la aceptación del mundo. Mediante concesiones mutuas, hombres que se denominan cristianos consiguen relacionarse con otros hombres que lo único que sienten por las cosas de Dios no es más que un desprecio silencioso.

Todo este asunto es, en esencia, espiritual. Un cristiano es lo que es no mediante la manipulación eclesiástica, sino a través del nuevo nacimiento. Es cristiano debido al Espíritu que habita en él. Solo es espíritu lo que nace del Espíritu. La carne nunca se puede convertir en espíritu, por muchos dignatarios eclesiales que intenten conseguirlo. La confirmación, el bautismo, la Cena del Señor, la confesión de fe… ninguna de estas cosas, ni todas juntas, pueden convertir la carne en espíritu ni convertir en hijo de Dios a un hijo de Adán. Pablo escribió a los gálatas diciendo: "Y por cuanto sois hijos, Dios envió a vuestros corazones el Espíritu de su Hijo, el cual clama: ¡Abba, Padre!" (Gálatas 4:6).

Cuando la Iglesia se une al mundo, ya no es la verdadera Iglesia.

Y a los corintios les escribió diciendo: "Examinaos a vosotros mismos si estáis en la fe; probaos a vosotros mismos. ¿O no os conocéis a vosotros mismos, que Jesucristo está en vosotros, a menos que estéis reprobados?" (2 Corintios 13:5).

Y a los romanos les dijo: "Mas vosotros no vivís según la carne, sino según el Espíritu, si es que el Espíritu de Dios mora en vosotros. Y si alguno no tiene el Espíritu de Cristo, no es de él" (Romanos 8:9).

Esa terrible zona de confusión tan evidente en toda la vida de la comunidad cristiana se disiparía en un solo día si los seguidores de Cristo empezaran a seguirle a Él en lugar de seguirse unos a otros. Y es que nuestro Señor fue muy claro en su enseñanza sobre el creyente y el mundo.

En cierta ocasión, después de recibir un consejo carnal que Él no había solicitado, de parte de unos hermanos sinceros pero ignorantes, el Señor contestó: "Mi tiempo aún no ha llegado, mas vuestro tiempo siempre está presto. No puede el mundo aborreceros a vosotros; mas a mí me aborrece, porque yo testifico de él, que sus obras son malas" (Juan 7:6-7).

El Señor identificó a sus hermanos carnales unidos al mundo, y dijo que ellos y Él tenían espíritus distintos. El mundo le aborrecía, pero no podía odiarles a ellos porque no podía odiarse a sí mismo. Una casa dividida contra sí misma no puede permanecer. La casa de Adán debe permanecer fiel a sí misma, porque si no, se desmoronará. Aunque es posible que los hijos de la carne se peleen entre sí, en el fondo son todos uno. Cuando llega el Espíritu de Dios, penetra en sus vidas un elemento ajeno a ellas. El Señor dijo a sus discípulos: "Si el mundo os aborrece, sabed que a mí me ha aborrecido antes que a vosotros. Si fuerais del mundo, el mundo amaría lo suyo; pero porque no sois del mundo, antes yo os elegí del mundo, por eso el mundo os aborrece" (Juan 15:18-19).

Pablo explicó a los gálatas la diferencia entre el hijo esclavo y el libre: "Pero como entonces el que había nacido según la carne perseguía al que había nacido según el Espíritu, así también ahora" (Gálatas 4:29).

Es decir, que todo a lo largo del Nuevo Testamento se traza una línea clara entre la Iglesia y el mundo. No hay término medio. El Señor no reconoce la bienintencionada actitud de "acordar estar en desacuerdo", de modo que los seguidores del Cordero puedan adoptar los caminos del mundo y recorrer el mismo sendero que sus habitantes. El abismo que separa al verdadero cristiano del mundo es tan grande como el que separaba al hombre rico de Lázaro. Y además se trata del mismo abismo, es decir, el abismo que separa al mundo de los redimidos del mundo de los hombres caídos.

Sé bien, y siento profundamente, lo ofensiva que debe resultar una enseñanza como esta a ese gran rebaño de seres mundanales que circulan en torno al redil tradicional. Sé que no puedo evitar que me acusen de fanatismo y de intolerancia, cargos que sin duda lanzarán contra mí los que juegan a la religión y, confusos, intentan convertirse en ovejas por asociación. Pero es conveniente que admitamos la cruda verdad de que los hombres no se convierten en cristianos al asociarse con las personas que asisten a una iglesia, ni mediante el contacto religioso, ni gracias a la enseñanza religiosa; se convierten en cristianos solamente por la invasión que hace el Espíritu de Dios en sus naturalezas mediante el nuevo nacimiento. Y cuando se convierten en cristianos, pasan a ser de inmediato miembros de una raza nueva, "linaje escogido, real sacerdocio, nación santa,

Un cristiano es lo que es no mediante la manipulación eclesiástica, sino a través del nuevo nacimiento.

pueblo adquirido por Dios... vosotros que en otro tiempo no erais pueblo, pero que ahora sois pueblo de Dios; que en otro tiempo no habíais alcanzado misericordia, pero ahora habéis alcanzado misericordia" (1 Pedro 2:9-10).

Al usar estos versículos no he pretendido citarlos fuera de su contexto ni inducir al lector a centrar su atención en una parte de la verdad para pasar por alto otra. La enseñanza de estos pasajes encaja perfectamente con toda la verdad del Nuevo Testamento. Es como si recogiéramos agua del mar en una taza: el contenido no sería toda el agua del océano, pero sí una buena muestra, y encajaría a la perfección con el resto.

La dificultad a la que nos enfrentamos los cristianos modernos no radica en que entendamos mal la Biblia, sino que consiste en convencer a nuestros corazones indómitos de que aceptemos las instrucciones que aquella nos da. Nuestro problema radica en obtener el consentimiento de nuestras mentes, que aman al mundo, para hacer que Jesús sea el Señor en la práctica, no solo de palabra. Y es que es una cosa decir "Señor, Señor", y otra muy distinta obedecer los mandamientos del Señor. Podemos cantar "Coronadle Señor de todo", y regocijarnos al escuchar la música del potente órgano y la melodía profunda de las voces armoniosas, pero aun así no habremos hecho nada hasta que hayamos abandonado el mundo y orientado nuestros rostros hacia la ciudad de Dios, de una forma real y práctica. Cuando la fe se traduce en obediencia, es fe auténtica.

El espíritu del mundo es poderoso, y se nos agarra como lo hace el olor del humo con nuestras prendas de vestir. Puede alterar su apariencia para adaptarse a cualquier circunstancia, y engañar así a muchos cristianos ingenuos, que no hayan ejercitado sus sentidos para discernir entre el bien y el mal. Puede jugar a ser religión, y hacerlo con toda apariencia de sinceridad. Puede tener ataques de conciencia (sobre todo durante la Cuaresma), e incluso confesar sus pecados en la prensa pública. Contribuye a causas benéficas y organiza campañas para recoger prendas de vestir para los pobres. *Lo único que pide es que Cristo se mantenga a distancia y nunca afirme su señorío sobre ellos.* Sin duda, nada de esto permanecerá. Y lo único que muestran hacia el verdadero Espíritu de Cristo es antagonismo. La prensa del mundo (que es siempre su verdadero portavoz) raras veces tratará con justicia a un hijo o a una hija de Dios. Si los hechos la impulsan a emitir un informe favorable, el tono será condescendiente e irónico; nunca podrá ocultar su tono de desprecio.

Cuando la fe se traduce en obediencia, es fe auténtica.

Tanto los hijos de este mundo como los hijos de Dios han sido bautizados en un espíritu, pero el espíritu del mundo y el Espíritu que habita en los corazones de los hombres nacidos de nuevo están tan alejados el uno del otro como el cielo y el infierno. No solo son conceptos antagónicos, sino que se aborrecen mutuamente. Para un hijo de la tierra, las cosas del Espíritu son, o bien ridículas, en cuyo caso le divierten, o bien absurdas, en cuyo caso le aburren.

> *Pero el hombre natural no percibe las cosas que son del Espíritu de Dios, porque para él son locura, y no las puede entender, porque se han de discernir espiritualmente* (1 Corintios 2:14).

En la primera epístola de Juan, el autor emplea dos palabras una y otra vez. Son las palabras *ellos* y *vosotros*, y se usan para designar dos mundos totalmente distintos. *Ellos* se refiere a los hombres y las mujeres del mundo caído de Adán; *vosotros* se refiere a los escogidos, que han abandonado todo por seguir a Cristo. El apóstol no se arrodilla ante el diosecillo Tolerancia (cuya adoración se ha convertido en Estados Unidos en una especie de religión superficial secundaria); es contundentemente intolerante. Sabe que es posible que "tolerancia" solo sea otro nombre para hablar de la indiferencia. Hace falta una fe vigorosa para aceptar la enseñanza del hombre Juan. Resulta mucho más fácil difuminar las líneas de separación y así no ofender a nadie. Es mucho más prudente usar generalizaciones piadosas y usar *nosotros* para referirnos tanto a los creyentes como a los incrédulos. La paternidad de Dios se puede estirar de tal manera que incluya a todo el mundo, desde Jack el Destripador al profeta Daniel. Así nadie se ofende, y todo el mundo se siente cómodo y dispuesto para ir al cielo. Pero no es tan fácil engañar al hombre que apoyó su cabeza en el pecho de Jesús. Él trazó una línea divisoria entre la raza de los hombres, separándola en dos bandos, para dividir a los salvos de los perdidos, aquellos que resucitarán para obtener la recompensa eterna y aquellos otros que se hundirán en el desespero definitivo. En un lado están *ellos*, los que no conocen a Dios; en el otro, *vosotros* (o, con un cambio de pronombre, *nosotros*), y entre ambos grupos se extiende un abismo moral demasiado ancho para que lo cruce ningún hombre. Esta es la manera en que lo expresa Juan: "Hijitos, vosotros sois de Dios, y los habéis vencido; porque mayor es el que está en vosotros, que el que está en el mundo. Ellos son del mundo; por eso hablan del mundo, y el mundo los oye. Nosotros somos de Dios; el que conoce a Dios, nos oye; el que no es de Dios, no nos oye. En esto conocemos el espíritu de verdad y el espíritu de error" (1 Juan 4:4-6).

Estas expresiones son demasiado claras como para confundir a nadie que quiera conocer honestamente la verdad. Nuestro problema, repito, no estriba en que no entendamos, sino en que no tenemos fe o no obedecemos. La pregunta no es teológica, "¿Qué enseña esto?", sino moral, "¿Estoy dispuesto a aceptar esto y vivir en consecuencia? ¿Puedo soportar las miradas frías? ¿Tengo el valor necesario para enfrentarme a los ataques implacables de los 'liberales'? ¿Me atrevo a provocar el odio de aquellos hombres a quienes ofenda mi actitud? ¿Disfruto de una independencia de pensamiento tan grande como para oponerme a las opiniones de la religión popular y ponerme del lado del apóstol?". O, en pocas palabras, "¿Puedo comprometerme a llevar la cruz, acompañada de su sangre y su desprecio?".

El cristiano es llamado a separarse del mundo, pero debemos estar seguros de qué queremos decir con *mundo* (o, más importante, qué quiere decir Dios). Es probable que le demos el significado de algo solo externo, ignorando así su verdadero significado. El cine, las cartas, el licor, las apuestas, tales cosas no son el mundo; simplemente son manifestaciones externas del mundo. No luchamos contra simples manifestaciones del mundo. Nuestra lucha no es contra meras actividades mundanas, sino contra el *espíritu* del mundo. Y es que el ser humano, tanto si es salvo como si no, es esencialmente espíritu. El mundo, en el sentido que le da el Nuevo Testamento a la palabra, no es más que la naturaleza humana no regenerada, dondequiera que se encuentre, ya sea en una taberna o en una iglesia. Todo lo que nace de la naturaleza humana caída, todo lo que se fundamenta en ella o recibe apoyo de ella, es el mundo, independientemente de si es moralmente reprobable o moralmente respetable.

Los fariseos de antaño, a pesar de su devoción celosa por la religión, pertenecían a la esencia misma del mundo. Los principios espirituales sobre los que levantaban su sistema no los habían sacado de lo alto, sino de abajo. Emplearon contra Jesús las tácticas de los hombres: sobornaron a hombres para que mintieran en defensa de la verdad; para defender la religión, actuaron como demonios; para respaldar la Biblia sabotearon sus enseñanzas; hundieron la religión para defenderla; dieron rienda suelta al odio ciego en nombre de la religión del amor. Ahí vemos el mundo en toda su actitud desafiante y sombría hacia Dios. El espíritu de tales personas era tan feroz que no descansó hasta haber acabado con la vida del propio Hijo de Dios. El espíritu de los fariseos fue activa y maliciosamente hostil al Espíritu de Jesús, dado que ambos eran un producto de los mundos de los que provenían.

Nuestra lucha no es contra meras actividades mundanas, sino contra el *espíritu* del mundo.

Los predicadores modernos que colocan el Sermón del Monte en alguna otra dispensación que no es la nuestra y liberan así a la Iglesia de sus enseñanzas apenas se dan cuenta del perjuicio que causan. El motivo es que el Sermón del Monte nos ofrece en resumen las características del reino de los hombres renovados. Los benditos pobres que se lamentan por sus pecados y tienen sed de justicia son verdaderos hijos del reino. Con actitud mansa demuestran misericordia hacia sus enemigos; con una inocencia sin doblez contemplan a Dios; rodeados de perseguidores, bendicen y no maldicen. Ocultan sus buenas obras por modestia. Hacen todo lo posible por llegar a un acuerdo con sus adversarios y perdonar a quienes pecan contra ellos. Sirven a Dios en secreto, en lo profundo de sus corazones, y esperan con paciencia su recompensa manifiesta. Entregan libremente sus bienes materiales, en lugar de recurrir a la violencia para protegerlos. Acumulan tesoros en los cielos. Evitan las alabanzas y aguardan el día del ajuste de cuentas definitivo, para descubrir quién es el mayor en el reino de los cielos.

Si esta es una visión precisa de las cosas, ¿qué podemos decir cuando los cristianos luchan contra otros para obtener rango y posición? ¿Qué podemos decir cuando los vemos buscar afanosamente la alabanza y el honor? ¿Cómo excusar el afán de publicidad, que es tan evidente entre los líderes cristianos? ¿Y la ambición política dentro de los círculos religiosos? ¿Y esa palma abierta que se extiende en busca de "ofrendas de amor" más abundantes y cuantiosas? ¿Y el egoísmo descarado entre los cristianos? ¿Cómo podemos explicar esa grotesca adoración al ser humano que habitualmente hace que un líder popular adquiera las dimensiones de un coloso? ¿Qué hay de los que afirman ser predicadores fieles del evangelio pero van por ahí besando servilmente las manos de los ricos?

Lo único que es de Dios es lo que honra al Espíritu y prospera a expensas del ego humano.

Solo hay una respuesta para estas preguntas; es, sencillamente, que en estas manifestaciones vemos el mundo, y nada más que el mundo. Ninguna profesión apasionada de amor por "las almas" puede convertir el mal en bien. Esos son los mismos pecados que crucificaron a Jesús.

También es cierto que las manifestaciones más descaradas de la naturaleza humana caída forman parte del reino de este mundo. Las diversiones organizadas, con su énfasis en el placer superficial, los grandes imperios levantados sobre hábitos depravados y antinaturales, el abuso desbocado de los apetitos normales, el mundo artificial llamado "alta sociedad"... todas estas cosas son del mundo. Todas forman parte de lo que es la carne, que se fundamenta en la carne y debe perecer con la carne; y de estas cosas debe huir el cristiano. Debe dejarlas todas a su espalda, y no participar de ellas. Debe enfrentarse a ellas apacible pero firmemente, sin ceder terreno y sin temor. Es decir, que tanto si el mundo se manifiesta en sus aspectos más desagradables como en sus formas más sutiles y refinadas, debemos reconocerlo por lo que es, y repudiarlo de plano. *Debemos* hacer esto si queremos caminar con Dios en nuestra generación, como lo hizo Enoc en la suya. Es imperativa la ruptura clara con el mundo.

> *¡Oh almas adúlteras! ¿No sabéis que la amistad del mundo es enemistad contra Dios? Cualquiera, pues, que quiera ser amigo del mundo, se constituye enemigo de Dios* (Santiago 4:4).

> *No améis al mundo, ni las cosas que están en el mundo. Si alguno ama al mundo, el amor del Padre no está en él. Porque todo lo que hay en el mundo, los deseos de la carne, los deseos de los ojos, y la vanagloria de la vida, no proviene del Padre, sino del mundo* (1 Juan 2:15-16).

Estas palabras de Dios no nos las dio para que meditemos en ellas: están ahí para que las obedezcamos y, a menos que lo hagamos, no tenemos derecho a reclamar el título de cristianos.

Por lo que a mí respecta, temo cualquier motivación religiosa entre los cristianos que no conduzca al arrepentimiento y dé como resultado la separación radical entre el creyente y el mundo. Me resulta sospechoso todo esfuerzo organizado para alcanzar el avivamiento que se vea obligado a rebajar las condiciones severas del reino. Por muy atractivo que resulte ese movimiento, si no se fundamenta en la justicia y se alimenta de la humildad, no es de Dios. Si explota la carne, es un fraude religioso y no debe contar con el respaldo de ningún cristiano temeroso de Dios. Lo único que es de Dios es lo que honra al Espíritu y prospera a expensas del ego humano: "para que, como está escrito: El que se gloría, gloríese en el Señor" (1 Corintios 1:31).

17

LA AFIRMACIÓN Y LA NEGACIÓN

La idea de que entramos en la vida cristiana mediante un acto de aceptación es cierta, pero no es toda la verdad: contiene mucho más. El cristianismo supone una aceptación y un rechazo, una afirmación y una negación. Y esto no solo pasa en el momento de la conversión, sino constantemente, día a día, en toda batalla de la vida, hasta que haya concluido el gran conflicto y el cristiano vuelva al hogar después de la guerra.

Afortunadamente, es imposible llevar una vida completamente positiva. Si un hombre pudiera hacer esto, sería solo por un instante. Vivir positivamente sería como inspirar constantemente sin espirar. Además de ser imposible, sería letal; para vivir, espirar es tan necesario como inspirar.

Para aceptar a Cristo es necesario que rechacemos todo aquello que se le oponga. Este es un hecho que a menudo pasan por alto los evangelistas afanosos, volcados en obtener resultados. Como ese vendedor que proclama las ventajas de su producto y oculta sus inconvenientes, el alma mal informada subraya la faceta positiva de las cosas a expensas de la negativa.

Que no nos escandalice esta idea de que la vida en Cristo tiene desventajas. Sin duda que las tiene. Abel fue asesinado, José fue vendido como esclavo, Daniel fue arrojado al foso de los leones, Esteban fue apedreado hasta morir, Pablo fue decapitado, y con el transcurso de los largos siglos un noble ejército de mártires fue asesinado mediante métodos cruentos. Y en los casos en que la hostilidad no condujo a este grado de violencia (y, en la mayoría de los casos, no lo hizo ni lo hace), aun así los hijos de este mundo consiguieron complicar las vidas de los hijos de Dios de mil maneras crueles. Todo el que haya vivido en Cristo en un mundo sin Cristo ha padecido algunas pérdidas, y ha soportado algunos sufrimientos que podría haber evitado mediante el sencillo recurso de dejar su cruz.

Para aceptar a Cristo es necesario que rechacemos todo aquello que se le oponga.

Sin embargo, los sufrimientos son breves y las pérdidas no tienen importancia si las comparamos con la gloria venidera, "porque esta leve tribulación momentánea produce en nosotros un cada vez más excelente y eterno peso de gloria" (2 Corintios 4:17). Pero mientras estemos aquí entre los hombres, con nuestros sensibles corazones expuestos a las gélidas rachas de aire provenientes de un mundo incrédulo e incomprensivo, es imperativo que adoptemos una visión realista de las cosas y aprendamos a superar las desventajas. También es importante que digamos toda la verdad a aquellos a los que queremos ganar para Cristo.

El astuto Mark Twain señaló en cierta ocasión que algunas iglesias no consiguen sumar miembros porque hacen que el camino sea demasiado fácil, y por el contrario, la iglesia en la que cuesta entrar es aquella que probablemente aumentará el número de sus asistentes. El misionero experimentado sabe que el libro o la porción de la Biblia que se regala será menos valorada por el receptor que si este hubiera pagado un poco de dinero por él. Y cuanto mayor sea el precio, más valorado será el objeto.

Nuestro Señor llamó a los hombres a seguirle, pero nunca hizo que el camino pareciera fácil. En realidad, nos da la impresión clara de que hizo que pareciera muy complicado. A veces dijo cosas a sus discípulos, o a discípulos potenciales, que hoy nosotros evitamos decir discretamente cuando intentamos ganar a personas para Él. ¿Qué evangelista moderno tendría el valor de decirle a quien se interesa: "Si alguno quiere venir en pos de mí, niéguese a sí mismo, y tome su cruz, y sígame. Porque todo el que quiera salvar su vida, la perderá; y todo el que pierda su vida por causa de mí, la hallará" (Mateo 16:24-25)? ¿Y acaso no tenemos que dar explicaciones difíciles cuando alguien nos pregunta qué quiso decir Jesús al afirmar: "No penséis que he venido para traer paz a la tierra; no he venido para traer paz, sino espada. Porque he venido para poner en disensión al hombre contra su padre, a la hija contra su madre, y a la nuera contra su suegra" (10:34-35)? Este tipo de cristianismo áspero, vigoroso, se reserva hoy para alguno que otro misionero o para los creyentes que están al otro lado de cualquier "telón" de este mundo. La gran mayoría de cristianos profesos no tienen el músculo moral necesario para seguir un camino tan directo y concluyente como este.

El clima moral contemporáneo no favorece una fe tan dura y fibrosa como la que enseñaron nuestro Señor y sus apóstoles. Los santos delicados, quebradizos, que son fruto de nuestros invernaderos religiosos modernos no se pueden comparar con los creyentes entregados, prescindibles, que en otro tiempo dieron testimonio entre los hombres. Y la culpa es de nuestros líderes. Son demasiado tímidos como para contar toda la verdad al mundo. Ahora piden a los hombres que le den a Dios aquello que no les cuesta nada.

En nuestros tiempos, las iglesias están llenas (o medio llenas) de una raza tierna de cristianos que deben alimentarse a base de una dieta de ocio inofensivo para poder mantener su interés. Saben poca cosa de teología. Apenas unos pocos han leído uno de los grandes clásicos cristianos, pero la mayoría conoce las novelas religiosas y las películas emocionantes. No es de extrañar que su constitución moral y espiritual sea tan delicada. A estas personas solo se las puede considerar partidarias débiles de una fe que realmente nunca han comprendido.

¿Cuándo aprenderán los cristianos que para aborrecer el pecado es necesario amar la justicia? ¿Que aceptar a Cristo es necesario para rechazarse a uno mismo? ¿Que para seguir el buen camino debemos rechazar el mal? ¿Que un amigo del mundo es un enemigo de Dios? ¿Que Dios no permite una zona intermedia entre dos bandos, donde los temerosos y los vacilantes puedan salvarse del infierno venidero y de los rigores de la disciplina presente?

18

RESISTIENDO AL ENEMIGO

Algún día la Iglesia podrá bajar la guardia, llamar a sus vigías para que abandonen los muros y vivir en seguridad y en paz; pero ahora no, aún no.

En este mundo, todo lo que es bueno es un blanco para todo lo que es malo, y solo consigue permanecer con vida cuando está en alerta permanente, y gracias a la protección providencial del Dios todopoderoso. De la misma manera que una persona o un país puede tener un gran problema cuando desconoce algún peligro, y correr un gran peligro cuando ignora su existencia, la Iglesia puede correrlo cuando no reconoce la presencia del peligro o la fuente de la que proviene.

La iglesia de Laodicea lleva mil novecientos años siendo una advertencia seria para la Iglesia de Cristo, para que estemos más vigilantes precisamente cuando no hay enemigos a la vista, y que conservemos la pobreza de espíritu cuando aumente la riqueza terrenal; sin embargo, parece que no hemos aprendido nada de ella. Hablamos sobre las siete cartas a las iglesias de Asia y luego regresamos a nuestro propio entorno, para vivir como los miembros de la iglesia de Laodicea. Hay en nosotros una tendencia a reincidir que resulta imposible de curar.

El hombre más sano de este mundo lleva en su cuerpo suficientes bacterias letales como para acabar con su vida en veinticuatro horas, excepto por una protección: la increíble capacidad del organismo humano para resistirse a los ataques bacterianos. Todo cuerpo mortal debe combatir a sus enemigos internos día y noche. Una vez se rinde, tiene las horas contadas. Literalmente, es cuestión de luchar o morir.

El motivo de esto es que la raza humana habita en un mundo caído, que en muchos sentidos se le muestra hostil. La naturaleza está tan caída como el ser humano; y dado que el pecado son las capacidades humanas pero distorsionadas, la enfermedad es la consecuencia de unos seres microscópicos que iban destinados a ser útiles pero que ahora se han descontrolado y pervertido. Para vivir, el cuerpo debe resistir con éxito a esos enemigos invisibles, y teniendo en cuenta nuestra elevada vulnerabilidad y el número de nuestros enemigos, es maravilloso que incluso uno de nosotros logre sobrevivir a su infancia.

La Iglesia vive en un mundo hostil. Dentro de ella y a su alrededor hay enemigos que no solo podrían destruirla, sino que están decididos a hacerlo a menos que se enfrente a su fuerza con una fuerza incluso mayor. El cristiano se hundiría debido a la presión externa si no hubiera en su interior una presión contraria y suficiente para evitarlo. Por consiguiente, el poder del Espíritu Santo no es opcional, sino necesario. Sin Él, los hijos de Dios no pueden vivir la vida del cielo en la tierra; hay demasiados obstáculos, que además son demasiado eficaces.

Una iglesia es un organismo vivo, y es normal que reciba ataques de los enemigos que depredan a los seres vivos. Sin embargo, la imagen del cuerpo humano aplicada a la Iglesia no es correcta, porque la vida del cuerpo no es inteligente, mientras que la Iglesia está formada por seres morales que tienen inteligencia para reconocer a sus enemigos y una voluntad que les permite resistirse a ellos. El cuerpo humano puede combatir a sus enemigos incluso cuando duerme, pero la Iglesia no: debe estar despierta y decidida o no podrá vencer.

Un enemigo al que tenemos que resistirnos es la *incredulidad*.

Un enemigo al que tenemos que resistirnos es la *incredulidad*. Sentimos una poderosa tentación para rechazar lo que no podemos explicar, o al menos suspender la credulidad hasta que lo hayamos investigado más a fondo. Esta actitud es correcta, incluso admirable, cuando la manifiesta el científico, pero es totalmente errónea para el cristiano. Este es el motivo:

La fe del cristiano descansa totalmente en el hombre Cristo Jesús, que declara que es tanto Dios como Señor. Esta afirmación hay que recibirla por pura fe o rechazarla de plano; no se puede demostrar mediante una investigación. Por eso Cristo apela solamente a la fe. El creyente piensa, es cierto, pero piensa porque cree, no para poder creer. La fe garantiza que el Espíritu que habita en nosotros la confirmará de una forma exquisitamente perfecta, pero solo después de que esté ahí sin otro apoyo que el propio Cristo.

Otro enemigo es la *complacencia*. "¡Ay de los reposados en Sion…!" (Amós 6:1). El cristiano que se contenta no corre el peligro de que le ataquen: ya le han atacado. Está enfermo y no lo sabe. Para huir de esto, debemos estimular el don de Dios que está en nosotros. Debemos declararle la guerra al contentamiento y seguir avanzando hacia la recompensa del sumo llamamiento de Dios en Cristo Jesús.

También encontramos la *arrogancia moral*. La tentación de sentirnos moralmente complacidos con nosotros será mayor incluso a medida que mejoren nuestras vidas. La única defensa segura contra esto consiste en cultivar un estado apacible de penitencia constante. El recuerdo dulce pero aleccionador de nuestra culpa pasada y la consciencia de nuestras imperfecciones presentes no son incompatibles con el gozo del Señor, y constituyen una ayuda de inestimable valor para resistir al enemigo.

El temor de los hombres acarrea una trampa, decía el profeta, y también es necesario derrotar a este enemigo. Todo nuestro mundo moderno está comprometido para destruir la independencia personal y someternos a todos a la conformidad general. La sociedad no perdonará ningún alejamiento del patrón, sea cual sea este en un momento dado, y dado que el cristiano tiene que apartarse radicalmente del mundo, es normal que provoque el desagrado de este. Si cede al temor, ha sido vencido, y no debe permitir que esto suceda.

Es posible identificar otros enemigos, como el *amor al lujo*, *la simpatía secreta por el mundo*, la *confianza en uno mismo*, el *orgullo* y los *pensamientos impíos*. Debemos resistirnos a tales cosas con todas nuestras fuerzas, mirando siempre hacia Jesús, el autor y consumador de nuestra fe.

19

CON EL VIENTO EN CONTRA

"Dios les ha llamado al lado de Cristo", escribió el piadoso Rutherford, "y ahora en este mundo, el viento sopla en contra de Cristo; y puesto que caminan con Él, no deben esperar estar al lado protegido o en la zona soleada de la ladera".

Usando ese hermoso dominio de las palabras que caracterizaba incluso a las frases más informales de Samuel Rutherford, en este comentario concreta uno de los grandes hechos radicales de la vida cristiana. El viento sopla en contra de Cristo, y como nosotros vamos con Él también tendremos el viento en contra. No debemos esperar menos.

Es natural que sintamos el deseo de gozar de la zona soleada de la ladera, y supongo que, dado que somos criaturas sensibles, es bastante excusable. A nadie le gusta caminar cuando sopla el viento frío. Sin embargo, con el transcurso de los largos siglos, la Iglesia ha tenido que marchar con el viento en su contra.

Me temo que últimamente, movidos por nuestro deseo de hacer convertidos, hemos sido culpables de usar las técnicas del *marketing* moderno, que consisten, claro está, en exponer solo las cualidades deseables del producto e ignorar las demás. Nos acercamos a las personas y les ofrecemos un hogar confortable en la zona soleada del prado. Con solo que acepten a Cristo, Él les dará paz, resolverá sus problemas, prosperará sus negocios, protegerá a sus familias y hará que sean felices durante todo el día. La gente nos cree y la primera ráfaga de viento helado los lleva, estremecidos, a algún consejero que les explique qué ha ido mal; y eso es lo último que sabemos de muchos de ellos.

Las enseñanzas de Jesús nos revelan que Él fue un realista, en el sentido más elevado del término. En los Evangelios no encontramos nada visionario ni excesivamente optimista. Dijo a sus oyentes toda la verdad, y dejó que ellos tomaran una decisión. Sí, se lamentó al ver cómo se alejaba un joven inquisitivo que no pudo aceptar la verdad, pero nunca corrió detrás de él para intentar conquistarlo con promesas de color rosa. Quería que las personas le siguieran conociendo el precio que debían pagar, y si no era así, les dejaba seguir por sus caminos.

Todo esto no es más que decir que Cristo es honesto. Podemos fiarnos de Él. Sabe que nunca será popular entre los hijos de Adán, y sabe que sus seguidores no deben esperar serlo. Todos los que caminen a su lado sentirán el viento que sopla en su contra, y cuando procuramos esconderles este hecho, no somos intelectualmente sinceros.

Cuando ofrecemos a nuestros oyentes un evangelio dulce y ligero, y prometemos a todos los que lo acepten un lugar en la zona soleada de la pradera, no solo los engañamos cruelmente, sino que también garantizamos un elevado índice de víctimas entre los creyentes a los que hayamos convencido con esas promesas. En determinados ámbitos del extranjero, se ha acuñado la expresión "los cristianos del arroz" para definir a quienes aceptan a Cristo para obtener beneficios. El misionero curtido sabe que el converso que debe pagar un alto precio por poner su fe en Cristo es quien perseverará hasta el fin. Empieza con el viento en contra, y si aumenta la furia de la tempestad, no se dará la vuelta, porque se ha preparado para soportarla.

Al rebajar el precio del discipulado, en el continente norteamericano estamos produciendo "cristianos del arroz" por decenas de miles. Los más viejos recordarán la prosperidad económica del territorio de Florida, hace unos años, cuando unos cuantos vendedores inmobiliarios se enriquecieron a base de vender zonas pantanosas llenas de caimanes a inocentes estadounidenses del norte, a precios muy atractivos. Ahora mismo hay vendedores religiosos de parcelas en la zona soleada de la pradera. Hay miles de personas que invierten en ellas, y unos cuantos promotores se están enriqueciendo; pero cuando el público descubra qué es lo que ha comprado, algunos de esos mismos promotores se quedarán sin empleo. Y cuanto antes suceda, mejor.

El viento sigue soplando hacia el infierno, y el hombre que camina en dirección opuesta tendrá el viento en contra.

¿Qué puede ofrecernos Cristo que sea sólido, genuino y deseable? Nos ofrece el perdón de los pecados, la limpieza interior, la paz con Dios, la vida eterna, el don del Espíritu Santo, la victoria sobre la tentación, la resurrección de los muertos, un cuerpo glorificado, la inmortalidad y una residencia en la casa del Señor para siempre. Estos son unos pocos de los beneficios que obtenemos como resultado de la fe en Cristo y la entrega total a Él. Añadamos a estas cosas las crecientes maravillas y glorias que serán nuestras durante el tiempo infinito de la eternidad, y podremos tener una idea imperfecta de lo que Pablo llamó "las inescrutables riquezas de Cristo" (Efesios 3:8).

Aceptar el llamado de Cristo sin duda cambia al pecador arrepentido, pero no cambia el mundo. El viento sigue soplando hacia el infierno, y el hombre que camina en dirección opuesta tendrá el viento en contra. Y es mejor que tengamos esto en cuenta cuando nos planteemos las cuestiones espirituales. Si las inescrutables riquezas de Cristo no son algo por lo que vale la pena sufrir, deberíamos saberlo ahora y dejar de jugar a ser religiosos.

Cuando el joven rico se enteró de cuál era el precio del discipulado, se alejó triste. No podía renunciar a la parcela soleada de la pradera. Pero, gracias a Dios, en todas las edades hay algunos que se niegan a retroceder. Los Hechos de los Apóstoles cuenta la historia de hombres y mujeres que afirmaron sus rostros contra el áspero viento de la persecución y la pérdida, y que siguieron al Cordero adonde quiera que fuera. Sabían que el mundo odiaba a Cristo sin motivo, y que a ellos los odiaba por ser de Él; pero la gloria que estaba puesta delante de sus ojos les indujo a seguir avanzando firmemente por el camino.

Quizá todo este asunto se pueda reducir a una simple cuestión: tener fe o no tenerla. La fe ve desde lejos el triunfo de Cristo y está dispuesta a soportar cualquier dificultad para participar de ella. La incredulidad no está segura de nada, excepto que aborrece el viento y le gusta la zona soleada del prado. Cada hombre tendrá que decidir por sí mismo si puede o no permitirse el terrible lujo de la incredulidad.

20

LA CRUZ QUE INTERFIERE

Un famoso británico dijo indignado: "Las cosas se han puesto realmente feas cuando permitimos que la religión interfiera en nuestra vida privada".

A esto podemos responder que las cosas se han puesto aún peor cuando un hombre inteligente, que vive en un país protestante, puede hacer semejante comentario. ¿Es que ese hombre no ha leído nunca el Nuevo Testamento? ¿Nunca ha oído hablar de Esteban, o de Pablo, o de Pedro? ¿Nunca ha pensado en los millones que siguieron alegremente a Cristo a una muerte violenta, repentina o lenta, porque *permitieron* que su religión interfiriera en sus vidas privadas?

Sin embargo, dejemos a ese hombre en manos de su conciencia y de su Juez y examinemos nuestros corazones. Quizá él se limitó a expresar abiertamente lo que sentimos algunos de nosotros en secreto. ¿Hasta qué punto ha interferido nuestra religión con el confortable patrón de nuestras vidas? Quizá sería mejor que respondiéramos antes a esta pregunta.

Llevo mucho tiempo pensando que Dios y las potestades celestiales respetan más a un hombre que rechaza de pleno la fe cristiana que a aquel otro que finge ser religioso pero se niega a someterse al control absoluto de sus creencias. El primero es un enemigo declarado, el segundo es un falso amigo. Es este último el que será expulsado de la boca de Cristo, y no es difícil entender el motivo.

Una de las imágenes del cristiano es un hombre que carga una cruz. "Si alguno quiere venir en pos de mí, niéguese a sí mismo, tome su cruz cada día, y sígame" (Lucas 9:23). El hombre que lleva una cruz ya no controla su destino; perdió el control cuando tomó su cruz. Esa cruz, inmediatamente, se convirtió para él en un interés exclusivo, una interferencia abrumadora. Sin importar lo que quiera hacer: solo hay una cosa que *puede* hacer, que es seguir avanzando hacia el lugar de la crucifixión.

El hombre que no soporta las interferencias no siente el impulso de seguir a Cristo. "Si alguno quiere", dijo nuestro Señor, y esto libera a todo hombre y coloca la vida cristiana en el ámbito de la elección voluntaria.

Sin embargo, nadie puede eludir las interferencias. En sus planes interfieren la ley, el deber, el hambre, los accidentes, las catástrofes naturales, la enfermedad, la muerte; y a largo plazo no hay nada que pueda hacer al respecto. Una amplia experiencia con las duras necesidades de la vida ha enseñado a los hombres que tarde o temprano se les impondrán estas interferencias, de modo que aprenden a llegar a un acuerdo con lo inevitable. Aprenden a mantenerse, como los conejos, dentro del estrecho sendero circular donde encuentren la menor interferencia posible. Es probable que los más osados desafíen al mundo, amplíen un poco el círculo, y aumenten por consiguiente el número de sus problemas, pero nadie busca deliberadamente la dificultad. La naturaleza humana no está hecha así.

La verdad es una compañera gloriosa pero severa. Nunca consulta, negocia o cede. Clama desde los lugares elevados: "Recibid mi enseñanza, y no plata; y ciencia antes que el oro escogido" (Proverbios 8:10). Después de esto, cada hombre está solo. Puede aceptar o rechazar, recibir o menospreciar, como quiera; y nadie intentará obligarle a nada, incluso aunque lo que esté en juego sea su propio destino.

Si un hombre se enamora de la sabiduría eterna y pone su corazón en conquistarla, se habrá embarcado en una empresa a tiempo completo que le exigirá todo. A partir de entonces no tendrá tiempo para mucho más. De ese momento en adelante, su vida estará llena de búsquedas y hallazgos, negaciones de sí mismo, disciplinas estrictas y un morir cotidiano a sí mismo, a medida que es crucificado para el mundo y el mundo lo es para él.

El hombre que no soporta las interferencias no siente el impulso de seguir a Cristo.

Si este mundo no estuviera caído, el camino de la verdad sería llano y fácil. Si la naturaleza humana no hubiera padecido una tremenda dislocación moral, no existiría discordia entre el camino de Dios y el camino del ser humano. Doy por hecho que, en el cielo, los ángeles viven mil milenios de serenidad sin sentir la más mínima discrepancia entre sus deseos y la voluntad de Dios. Pero entre los hombres del mundo no es así. Aquí el hombre natural no recibe las cosas del Espíritu de Dios; la carne se opone al Espíritu y el Espíritu a la carne. En este combate solo puede haber un resultado: debemos rendirnos y dejar que Dios cumpla sus propósitos. Su gloria y nuestro bienestar eterno nos exigen que sea así.

Otro motivo por el que nuestra religión debe interferir con nuestras vidas privadas es que vivimos en el mundo, el nombre que aplica la Biblia a la sociedad humana. El hombre regenerado se ha separado en su ser interior de la sociedad, como Israel se separó de Egipto al cruzar el Mar Rojo. El cristiano es un habitante del cielo que vive temporalmente en la tierra. Aunque está separado en espíritu de la raza de los hombres caídos, en la carne debe vivir entre ellos. En muchos sentidos es como ellos, pero en otros difiere tan radicalmente que es inevitable que ellos se den cuenta y les moleste. Desde los días de Caín y de Abel, el hombre de la tierra ha castigado al hombre celestial porque este es diferente. La dilatada historia de persecución y de martirio confirma esto.

Sin embargo, no debemos tener la impresión de que la vida cristiana es un conflicto constante, una lucha ininterrumpida e irritante con el mundo, la carne y el diablo. ¡Mil veces no! El corazón que aprende a morir con Cristo pronto descubre la bendita experiencia de resucitar con Él, y ni todas las persecuciones de este mundo pueden acallar esa elevada nota de gozo santo que nace en el alma que se ha convertido en morada del Espíritu Santo.

21

EL PODER EXIGE SEPARACIÓN

La historia demuestra claramente que la verdadera espiritualidad no ha estado en ningún momento en manos de las masas. En cualquier periodo concreto, desde la caída de la raza humana, solo unas pocas personas han discernido el camino correcto o han caminado en la ley de Dios.

La verdad de Dios nunca ha sido popular. Siempre que el cristianismo se vuelve popular, no va de camino a la muerte: ya ha muerto.

El judaísmo popular mató a los profetas y crucificó a Cristo. El cristianismo popular mató a los reformadores, encarceló a los cuáqueros y echó a las calles a John Wesley. Por lo que respecta a la religión, las masas siempre se equivocan. En cada época hay algunos que ven, y los demás son ciegos. Defender la verdad de Dios frente a las modas religiosas actuales siempre es impopular, y puede ser realmente peligroso.

Mientras la Iglesia histórica fue un grupo minoritario y aborrecido tuvo un poder moral que la convertía en un enemigo terrible para el mal y en invencible frente a sus enemigos. Cuando las masas romanas, sin cambiar su corazón, cristianizaron mediante el bautismo, el cristianismo se volvió popular y perdió su brillo espiritual. El pez pescó al pescador, y lo que empezó con el propósito de ser la conversión de Roma acabó siendo la conversión de la Iglesia. La Iglesia nunca se ha visto libre del todo de esa cautividad ignominiosa.

Somos enviados a bendecir al mundo, pero nunca se nos dice que lleguemos a un acuerdo con este.

El afán que tiene el cristianismo moderno por obtener la popularidad es una admisión inconsciente de la decadencia espiritual. Su adulación a los pies de los grandes de este mundo entristece al Espíritu Santo y avergüenza a los hijos de Dios. La actitud servil de los líderes cristianos populares hacia las celebridades del mundo repugnaría a personas como Elías o George Fox.

La verdad que salva es un tesoro excepcional, y no hay muchos que lo posean en cada generación. Ningún hombre ha hallado nunca el camino a Dios preguntando al miembro de una iglesia cómo se llegaba a una reunión social.

Lot era un creyente popular. Estaba sentado a la puerta de Sodoma. Pero cuando llegaron los problemas, tuvo que enviar rápidamente a buscar a Abraham para que le sacara del apuro. ¿Y dónde encontraron a Abraham? En las colinas, lejos de las multitudes seguidoras de la moda. Siempre ha sido así. Por cada Elías ha habido siempre cuatrocientos profetas de Baal. Por cada Noé hay siempre una inmensa multitud que no cree que vaya a llover.

Somos enviados a bendecir al mundo, pero nunca se nos dice que lleguemos a un acuerdo con este. Nuestra gloria radica en un distanciamiento espiritual de todo lo que se edifica sobre el polvo.

Mientras se arrastra por la colmena, la abeja no encuentra miel; la miel se halla en la flor distante, donde hay tranquilidad y paz, sol y un arroyo que fluye: allí es donde tiene que acudir la abeja para encontrarla. El cristiano encontrará pocos recursos donde los presuntos creyentes juegan y oran al unísono. Es posible que en ocasiones se vea obligado a viajar a solas o, como mínimo, a unirse a los repudiados. Quizá el precio que pague por el poder sea formar parte de la minoría despreciada. Pero, independientemente del precio a pagar, siempre será bajo si obtenemos ese poder.

22

LA CIENCIA Y LA FILOSOFÍA TIENEN MÁS PREJUICIOS QUE LA RELIGIÓN

La ciencia y la filosofía son más arrogantes y tienen más prejuicios de los que la religión pueda tener jamás. Procuran etiquetar a los cristianos evangélicos diciendo que son fanáticos.

Sin embargo, yo jamás he tomado mi Biblia y me he ido a un laboratorio para decirle a un científico cómo tiene que realizar sus experimentos, ¡y le estaría muy agradecido si no metiera su tubo de ensayo en el santuario y me dijera cómo hacer los míos!

Es posible que estudiar a los filósofos clarifique mi forma de pensar y me ayude y amplíe mi punto de vista, pero *no* es necesario para mi salvación.

El científico no tiene nada que decirme sobre Jesucristo nuestro Señor. No hay nada que pueda añadir, y no necesito apelar a él.

Ya desde que era muy pequeño, y hasta mis tiempos como operario en una fábrica de caucho de Akron, Ohio, he estudiado a Platón y al resto de filósofos, pero nunca he visto que Platón añada nada importante a lo que ha dicho Jesucristo.

Jesús dijo: "Yo soy la luz que alumbra a todo hombre. Soy el pan que alimenta a todo hombre. Soy quien vino del seno del Padre, y soy el Verbo eterno que estaba en el principio con Dios, que fue y que es Dios, y ese soy yo".

Por lo tanto, la Palabra nos asegura que solo Jesús es suficiente, y no hay otro.

No es Jesús más muchas otras religiones.
No es Jesús más muchas otras filosofías.

Jesús nunca matizará nada de lo que dijo ni transigirá en nada. El corazón sincero que acude a Él y no entiende puede necesitar un día, o un mes, o un año o diez para entender quién es Él.

Pablo denunció la pretendida ciencia y habló en contra de la vana filosofía del mundo.

No obstante, ese corazón puede estar seguro de que Jesús nunca cambiará su postura. Nunca, jamás dirá nada más que no sea lo que ya ha dicho.

Jesús nunca añadirá una nota al pie diciendo: "No quería decir exactamente eso". Dijo lo que quería decir y como quería decirlo. Es el Verbo eterno, ¡de modo que hemos de escucharle!

Ahora bien, lo que siempre quiero saber es por qué lo dijo y en qué sentido lo dijo. Una generación que solo sepa *qué* dijo Dios irá seguida por otra que no crea lo que Dios dijo. Estoy a favor de una generación de pensadores cristianos (filósofos cristianos, si quieres), y con esto quiero decir que los hijos de Dios deben haberse aferrado a la verdad de Dios.

Pablo denunció la pretendida ciencia y habló en contra de la vana filosofía del mundo. Sin embargo, las personas que se supone que saben bien las cosas han considerado a Pablo uno de los seis grandes pensadores de todos los tiempos.

Pablo se habría borrado del mapa si hubiera negado el lugar que ocupa la reflexión profunda, el discernimiento y el entendimiento en las cosas de Dios.

23

SI VIVIMOS COMO CRISTIANOS, NADA PUEDE DESTRUIR EL CRISTIANISMO

No creo que el comunismo sea el mayor peligro para el cristianismo. No creo que el comunismo pueda jamás destruir el cristianismo, si los cristianos viven como tales.

Tampoco creo que ni todos los liberales y los modernistas juntos puedan matar al cristianismo. Lo intentan, ¡pero no tendrán éxito!

El ateo y el incrédulo, el pagano en sus tinieblas… puedo entenderlos en cierta medida. Pero el liberal… es el hombre que se ha sacado los ojos, y no siento gran simpatía por él; pero nunca podrá destruir a la Iglesia cristiana ni el testimonio evangélico de Cristo.

El Imperio romano no logró destruir el cristianismo. Cada vez que mataban a diez creyentes llegaban otros cien y decían: "Mátennos también a nosotros". Esto es lo que nos cuenta la historia.

Los emperadores arrojaron tantos cristianos a los leones en el circo que empezaron a avergonzarse y dijeron: "¿Qué vamos a hacer con estos necios? Matamos a diez y salen otros cien confesando que también son cristianos".

Al final tuvieron que dejar de hacerlo, diciendo: "Vamos a intentar quedar bien. No matemos a tantos; ya hemos derramado demasiada sangre".

Los cristianos estaban deseosos de vivir como tales, y morir como cristianos. La sangre de los cristianos fue la semilla que hizo crecer a la Iglesia.

Por eso digo que el comunismo nunca podrá destruir a la Iglesia de Jesucristo. Y no tienes que preocuparte por la verdadera Iglesia detrás del Telón de Acero.

Hermanos y hermanas, a lo largo de los años ha habido periodos en los que los cristianos se reunían en sótanos húmedos, entre gusanos y telarañas, y adoraban a su Dios. Luego tenían que acudir a hurtadillas a sus empleos, y por la noche, como Gedeón, regresaban a algún lugar oculto y oraban y cantaban en voz baja, leyendo las porciones de las Escrituras que pudieran conseguir.

Mantuvieron el fuego encendido en medio de la persecución más feroz y brutal posible.

EL FUEGO DE DIOS NO SE APAGA POR LAS AGUAS DE LA PERSECUCIÓN HUMANA

La Iglesia solamente puede morir cuando está podrida por dentro. Si la Iglesia rusa está muerta hoy no es debido al comunismo, aunque este proceda del infierno, de eso no cabe ninguna duda; pero el infierno no puede destruir a la Iglesia.

Digo que, si la Iglesia rusa está muerta (y no creo que lo esté), se debe a que la Iglesia institucional ha muerto desde dentro.

El árbol arrancado por la tormenta tiene el corazón podrido, porque si no, la tormenta no podría derribarlo. Y la Iglesia que cae debido a la persecución es una Iglesia que estaba muerta antes de caer.

Es decir, que el comunismo no me preocupa mucho. Tampoco me inquieta el liberalismo.

Algunos de mis pobres y cansados hermanos, aunque desfallecidos, siguen persiguiendo a los liberales, criticándolos en cuanto alguno se les pone a tiro.

Sin embargo, yo no los persigo ni los ataco: ya están muertos.

24

EN DEFINITIVA, SOMOS LO QUE SOMOS

El sabio místico cristiano Thomas à Kempis dijo: "Que tu paz no dependa de las lenguas de los hombres, porque tanto si juzgan bien como si juzgan mal, por su veredicto no dejarás de ser tú mismo".

Es natural el deseo que sentimos de que nos acepten nuestros congéneres, y hasta cierto punto es inofensivo, pero cuando ese deseo se vuelve tan consumidor que no podemos ser felices a menos que nos alaben los hombres, constituye un pecado por sí mismo y tiene unos efectos ofensivos.

Una de las primeras cosas a las que debería acostumbrarse un cristiano es el maltrato. Incluso el alma más dulce que haya vivido en este mundo estuvo sujeta a un aluvión cada vez mayor de viles calumnias durante su caminar entre los hombres; y si trataron así al dueño de la casa, ¿cómo pueden esperar los siervos que no les pase igual?

La única manera de eludir las malas lenguas consiste en apartarse por completo de la sociedad de los hombres; e incluso entonces habrá quienes arqueen las cejas a modo de crítica y sugieran que, después de todo, ¡a lo mejor hemos tenido buenos motivos para ponernos a cubierto! Si no hacemos nada, nos acusan de pereza, y si hacemos algo, nos insultan por no estar haciendo algo diferente.

¿No fue Voltaire quien dijo que algunas personas son como insectos, que pasan desapercibidos hasta que pican? El viajero tiene que convencerse de que seguirá adelante a pesar de los insectos que le amargan el viaje. Estos no pueden detener a un hombre decidido, solo pueden hacer que su viaje sea desagradable. Lo mismo pasa con las personas a quienes les encanta arremolinarse en torno a las orejas de los siervos de Dios que intentan avanzar hacia su meta establecida. Podemos prever que nos picarán muchos seres humanos como nosotros que parecen haberse consagrado a la misión de provocar angustias de poca intensidad siempre que puedan y, mientras puedan afectar a cuantas más personas, mejor. Estas personas desencaminadas son imposibles de eludir, solo podemos soportarlas.

La posición de un cristiano delante de Dios no depende de la posición que ocupe delante de los hombres.

Una cosa está clara: la posición de un cristiano delante de Dios no depende de la posición que ocupe delante de los hombres. Una elevada reputación no hace que Dios ame más a una persona, ni la lengua del calumniador influye en ningún sentido en la opinión que tenga Dios de su pueblo. Nos conoce a cada uno, y vencemos o fracasamos a la luz de su conocimiento perfecto.

Asegurémonos de que estamos a bien con Dios y con los hombres; después de esto no hay nada más que podamos hacer excepto "tener esperanza y aguardar apaciblemente la salvación del Señor". Gracias al poder del Espíritu Santo que habita en nosotros, podemos tener esperanza y podemos aguardar de tal manera que nuestros enemigos se vean obligados a admitir que hemos estado con Jesús y hemos aprendido de Él.

FUENTES

Capítulo 1: El sacramento de la vida

A. W. Tozer, *The Pursuit of God* (Camp Hill, PA: Christian Publications, 1948; reimpreso Chicago: Moody, 2015), pp. 111-121. Publicado en español por WingSpread Publishers con el título *La búsqueda de Dios*.

Capítulo 2: Un libro inalterable en un mundo cambiante

A. W. Tozer, *Rut, Rot or Revival*, compilado por James L. Snyder (Camp Hill, PA: Christian Publications, 1993), pp. 90-100.

Capítulo 3: Dos imágenes de la Iglesia

Tozer, *Rut, Rot or Revival*, pp. 102-111.

Capítulo 4: La gran prueba: alterar la verdad

Tozer, *Rut, Rot or Revival*, pp. 151-163.

Capítulo 5: Un concepto bíblico de la Iglesia

Tozer, *Rut, Rot or Revival*, pp. 113-124.

Capítulo 6: Una iglesia modélica

Tozer, *Rut, Rot or Revival*, pp. 125-138.

Capítulo 7: ¿Integración o rechazo?

A. W. Tozer, *The Price of Neglect*, compilado por Harry Verploegh (Camp Hill, PA: Christian Publications, 1991; reimpreso Camp Hill, PA: WingSpread, 2010), pp. 62-64.

Capítulo 8: ¡Claro! Paga tus impuestos

A. W. Tozer, *The Early Tozer: A Word in Season*, compilado por James L. Snyder (Camp Hill, PA: Christian Publications, 1997), pp. 9-10.

Capítulo 9: Evaluando la espiritualidad según las oraciones públicas
Tozer, *The Early Tozer: A Word in Season*, pp. 69-70.

Capítulo 10: Se busca: Valor con moderación
A. W. Tozer, *God Tells the Man Who Cares* (Camp Hill, PA: Christian Publications, 1993; reimpreso Camp Hill, PA: WingSpread, 2010), pp. 122-127. Publicado en español por Editorial Clie con el título *Dios habla al que le escucha*.

Capítulo 11: El uso honesto de términos religiosos
A. W. Tozer, *The Set of the Sail* (Camp Hill, PA: Christian Publications, 1986; reimpreso Camp Hill, PA: WingSpread, 2009), pp. 157-160. Publicado en español por Editorial Clie con el título *Orientando las velas*.

Capítulo 12: La actitud correcta hacia nuestros líderes espirituales
Tozer, *The Set of the Sail*, pp. 161-164.

Capítulo 13: La cuerda floja entre lo "espiritual" y lo "secular"
A. W. Tozer, *Faith Beyond Reason* (Camp Hill, PA: WingSpread, 2009), pp. 129-144. Publicado en español por Portavoz con el título *Fe más allá de la razón*.

Capítulo 14: Este mundo: ¿campo de recreo o campo de batalla?
Tozer, *God Tells the Man Who Cares*, pp. 171-174.

Capítulo 15: Los evangélicos, ¿queremos mejorar nuestra posición social?
A. W. Tozer, *The Warfare of the Spirit* (Camp Hill, PA: Christian Publications, 1993; reimpreso, Camp Hill, PA: WingSpread, 2006), pp. 13-16.

Capítulo 16: Por qué el mundo no lo puede recibir
A. W. Tozer, *God's Pursuit of Man* (Camp Hill, PA: Christian Publications, 1950; reimpreso, Chicago: Moody, 2015), pp. 115-126.

Capítulo 17: La afirmación y la negación
A. W. Tozer, *That Incredible Christian* (Camp Hill, PA: Christian Publications, 1964; reimpreso, Camp Hill, PA: WingSpread, 2008), pp. 85-88.

Capítulo 18: Resistiendo al enemigo
Tozer, *That Incredible Christian*, pp. 101-104.

Capítulo 19: Con el viento en contra
Tozer, *That Incredible Christian*, pp. 141-144.

Capítulo 20: La cruz que interfiere
A. W. Tozer, *The Radical Cross* (Camp Hill, PA: Christian Publications, 2005; reimpreso Chicago: Moody, 2015), pp. 49-52.

Capítulo 21: El poder exige separación
A. W. Tozer, *The Next Chapter after the Last*, compilado y editado por Harry Verplough (Camp Hill, PA: Christian Publications, 1987; reimpreso Camp Hill, PA: WingSpread, 2010), pp. 21-23.

Capítulo 22: La ciencia y la filosofía tienen más prejuicios que la religión
A. W. Tozer, *Tozer Speaks*, vol. 1, compilado Gerald R. Smith (Camp Hill, PA: Christian Publications, 1994; reimpreso Chicago: Moody, 2010), pp. 29-30.

Capítulo 23: Si vivimos como cristianos, nada puede destruir el cristianismo
Tozer, *Tozer Speaks*, vol. 1, pp. 39-41.

Capítulo 24: En definitiva, somos lo que somos
Tozer, *The Next Chapter after the Last*, pp. 103-105.

EDITORIAL
PORTAVOZ

NUESTRA VISIÓN

Maximizar el efecto de recursos cristianos de calidad que transforman vidas.

NUESTRA MISIÓN

Desarrollar y distribuir productos de calidad —con integridad y excelencia—, desde una perspectiva bíblica y confiable, que animen a las personas a conocer y servir a Jesucristo.

NUESTROS VALORES

Nuestros valores se encuentran fundamentados en la Biblia, fuente de toda verdad para hoy y para siempre. Nosotros ponemos en práctica estas verdades bíblicas como fundamento para las decisiones, normas y productos de nuestra compañía.

Valoramos la excelencia y la calidad.
Valoramos la integridad y la confianza.
Valoramos el mérito y la dignidad de los individuos y las relaciones.
Valoramos el servicio.
Valoramos la administración de los recursos.